一番使える！

はじめての確定拠出年金投資

大江英樹

東洋経済新報社

はじめての確定拠出年金投資●もくじ

第1章 いま知らないと損する「老後のお金」の授業

第2章 STEP1 始めるにはどうすればいいか 57

第3章 STEP2「運用」ってどうすればいいかわからない

老後の見通し、明るくなってきたかも…

Introduction

他にはない！
最強の「老後資産づくりの方法」

「確定拠出年金」、この一見地味な名前の制度が、最近急速に注目を集め始めています。書店にも関連する本が並び始めましたし、新聞や雑誌でも頻繁に記事として取り上げられるようになりました。

最初に結論からいうと、確定拠出年金は、**老後資産をつくるためには最強の手段**といっても間違いではありません。

話題の〝NISA〟も生保の〝個人年金保険〟も、派手にテレビコマーシャルが放映される〝国民年金基金〟だって、どう逆立ちしてもこの「確定拠出年金」にはかなわない。それぐらいの**パワーと破壊力**を持った老後資産づくりの手段なのです。これを知らないのは非常にもったいない、というよりも知らないと明らかに損をします。

ところが、どこの銀行や証券会社に行っても、この制度の利用をすすめられることは、まずありません。それはいったいどうしてなのか。さらにこの制度は最近急にできたものではなく、２００１年の10月にスタートした制度ですから、何とできてから15年も経っているのです。

にもかかわらず、なぜ最近になって急に注目を集めるようになってきたのか。そんな疑問もこの本ではすべて解説します。

あなたもおそらくこの「確定拠出年金」が最近、気になってきたからこの本を手に取っているのではないでしょうか。この本はそんな人に向けて書かれた**日本で一番わかりやすい「確定拠出年金」のガイド**です。

「名前は聞くけど、どういうものなのかよくわからない」
「会社でこの制度に入っているらしいけどわからないので放ってある」
「自分で運用しろといわれているけどどうすればいいかさっぱりわからない」
「個人型確定拠出年金がいいと聞いたので銀行に行ったけど〝そんなの知りません〟

といわれた
「名前からしてややこしそうでわかりにくそう」
こんな風に思ったり、経験したりした人は、まずこの本を読んでみてください。今までわからなかったことがきれいに見えてくるはずです。しかも今まで何となく不安に感じていた老後が少し明るく見えてくるかもしれません。

特にこの本では**「運用する」**ということに焦点を合わせています。多くの人にとって「資産運用」とか「投資をする」というのはなかなかハードルが高いといっていいでしょう。

本書ではそんな人向けに「運用とはどういうことか」、「具体的にどうすればいいか」ということをできるだけわかりやすく説明しています。この本を読み終わった時には「なぁーんだ、運用するってそういうことだったのか！」という気持ちに変わっていることでしょう。

確定拠出年金という言葉を使わない

はじめに、みなさんと一つ約束事を決めたいと思います。それはここから本書で解説するにあたって、できるだけ**「確定拠出年金」という言葉を使わない**ようにしたいということです。

残念ながら、確定拠出年金がわかりにくい理由の一つに言葉がなじみにくいというのがあります。だいいち、名前が長すぎます。〝かくていきょしゅつねんきん〟――これではなかなか覚えることもできませんし、覚えにくいものは親しみもわきません。

本書では、この確定拠出年金という言葉の代わりにアルファベットの二文字「ＤＣ」という言葉を使うようにします。これなら短いし覚えやすいし、いいやすいでしょう。

なぜＤＣというかというと、アメリカでは確定拠出年金のことを「**D**efined

Contribution Plan」といい、通常の会話の中ではこの頭文字を取ってDCといわれているからです。

日本の制度なのに英語の略称を使うのはちょっとくやしいですが、ここはシンプルに確定拠出年金＝DCと覚えてください。

二つのDC（確定拠出年金）

さて、DC（確定拠出年金）というのは老後の資産形成のための手段ですが、実はDCには2種類あります。この2種類の違いをきちんと理解しておかないと、後で混乱することになりかねませんのでここでしっかりと説明しておきます。

2種類あるDC、それは**「企業型DC」**と**「個人型DC」**です。この二つは同じDCでもしくみも考え方もまったく異なります。ちょっと整理してみると**図1**のようになります。

図1 企業型DCと個人型DCの違い

	企業型DC	個人型DC
制度の背景	退職金制度の一つ	個人の自助努力による老後資産形成
誰がお金をだすか	会社（一部個人の上乗せあり）	個人
運用商品	会社が決めた運営管理機関が選定した商品の中から選ぶ	個人で運営管理機関を選ぶので自由に選べる

まず制度の背景ですが、企業型DCは企業の退職金制度の一つという位置付け、個人型DCは個人の自助努力による老後資産を形成する制度です。企業型DCは退職金制度ですから掛金を出すのは会社、一方個人型DCは個人が自分のお金を掛金として出します。

企業型の場合はあくまでも会社の制度ですから、制度を導入するかどうかを決めるのは会社であり、導入すれば原則は全員が加入するということになります。これに対して個人型は加入するかどうかはまったくの個人の自由意思です。

さらに個人型の場合、掛金は自分のお金を出すことになりますが、その掛金は所得控除されます。つまり年末調整や確定申告で税金が戻ってくるということです。企業型の掛金はもともと会社が出すもので所得とは認識されません。そのため所得控除には関係ありませんが、個人型は自分のお金だからこういうことになるというわけです。「最強の老後資産づくりの手段」というのは実は個人型DCのことといっていいでしょう。

ただし、本書の主題である「運用」については企業型であれ、個人型であれ、同じですから、どちらの加入者にとっても本書は参考になると思います。

DCのどこがそんなにスゴいのか？①
——税金が戻ってくる

企業型と個人型の違いはイメージしていただけたと思いますが、自分で老後資産づくりをする方法として、きわめて優れているのは個人型DCです。ではどこがそんなに優れているのかを見てみましょう。まずはじめは税金の優遇です（**図2**）。

個人型DCの税優遇で何といってもスゴいのは**所得控除**です。個人型DCは、自分が得た収入の中から自分で掛金を払うしくみですが、何と払った金額の全額が所得控除されます。つまり年末調整や確定申告で税金が戻ってくるのです。もちろん掛金はいくらでも好きなだけ払い込めるわけではありません。上限が決まっています。ところがその上限金額がかなり大きいのです。

現在、個人型DCに加入できるのは自営業等の人と企業年金がない会社に勤めるサラリーマンだけです。自営業の場合、積立額の上限は月6万8千円、年額にすると81万6千円にもなります。サラリーマンの場合はそこまで大きくありませんが、それでも月2万3千円、年間にすると27万6千円になります。この全額が所得控除されるのです。

老後の資産づくりとして人気のある生保の「個人年金保険」の場合、毎月の払込がいくらであっても、年間の所得控除額は所得税で4万円、住民税で2万8千円しかありませんから、個人型DCは自営業の場合、何と個人年金保険の12倍、サラリーマンでも4倍の所得控除があります。

図2 個人型DCのメリット こんなにスゴイ所得控除
(課税所得400万円のサラリーマンの例)

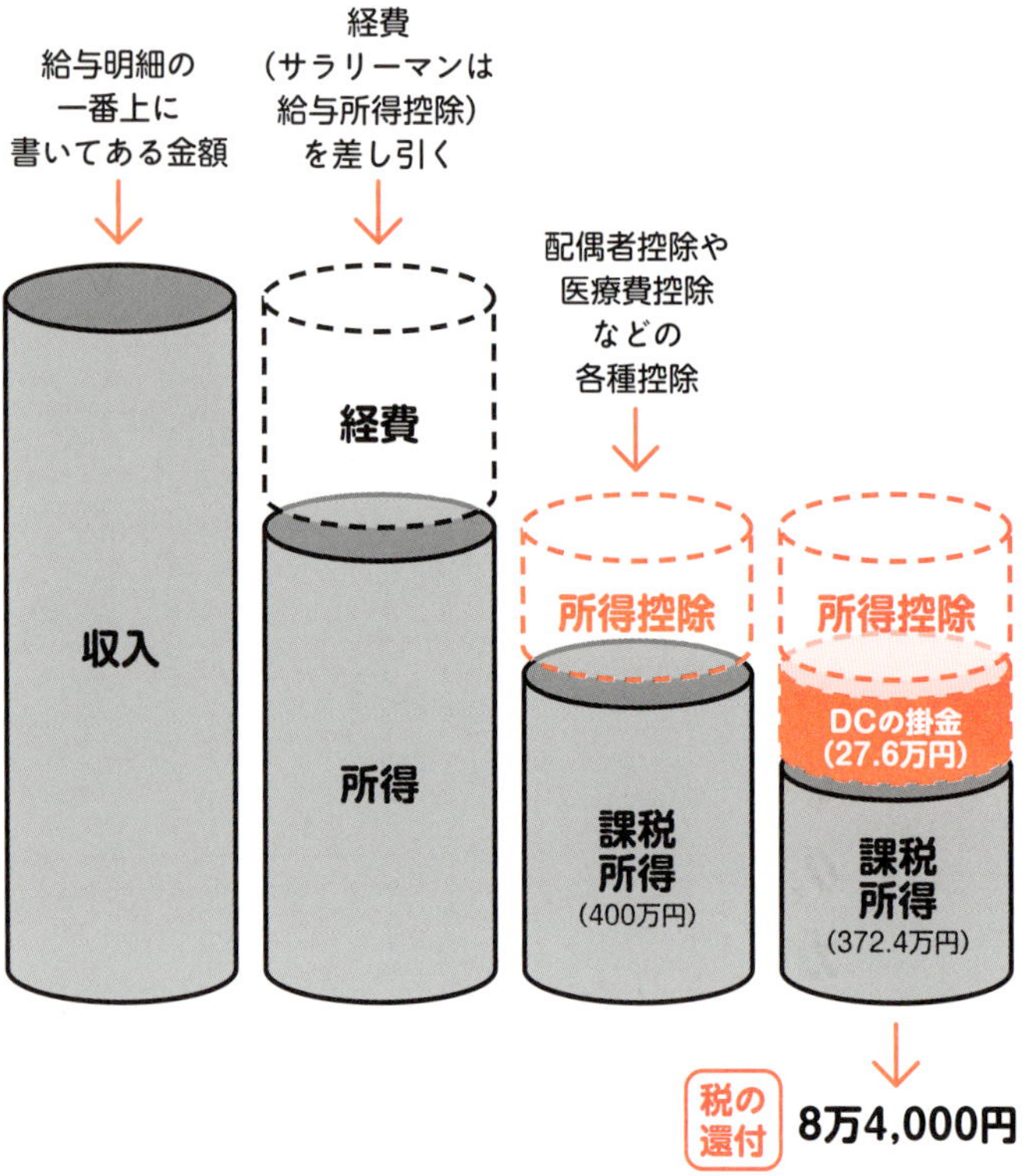

では、具体的にどれぐらいの金額が戻ってくるか見てみましょう。仮にサラリーマンで課税所得が４００万円のAさんが個人型ＤＣに上限一杯の月額２万３千円を払い込んだとします。この場合Aさんは所得税と住民税を合わせて８万４０００円が戻ってきます。もしAさんが自営業で上限一杯の月額６万８千円を払い込んだとしたら、何と23万６４００円が戻ってくることになります。(注１)

これは１年間の話ですから、たとえば30歳から60歳まで個人型ＤＣで積立を続けていくと、サラリーマンでは２５２万円、自営業なら７０９万２千円がおまけとして戻ってくることになりますから、これはかなりの金額です。個人型ＤＣが最強の制度だということがおわかりいただけるでしょう。

DCのどこがそんなにスゴいのか？②
——手数料が安い

ＤＣがスゴい二つ目の理由、それは投資信託の運用手数料が安いということです。

（注１）所得税は国税庁のHPより計算。住民税は10％とした場合

これは個人型、企業型を問わず、大きなメリットといえます。**図3**をご覧ください。我が国で販売されている投資信託のうち、一般に証券会社や銀行で市販されているものとDC専用の投資信託を比べると、同じカテゴリーの中でもその運用手数料が二分の一とか三分の一ということはめずらしくありません。

つまりみなさんが金融機関の店頭で投資信託を買うよりもはるかに安い手数料で買うことができるのがDCなのです。

投資というのはリターンが不確実なものですが、コストだけは確実にリターンにとってはマイナスに作用します。特にDCのように長い期間にわたって運用すればするほど運用手数料というコストの差は大きくなってきます。

もしあなたが資産運用の一部を投資信託で、と考えているのであれば、何よりもまずDCの利用を考えるべきだと思います。

図3 個人型DCのメリット　運用手数料が安い

確定拠出年金向け専用ファンド	信託報酬率
DC日本株式インデックスファンドL	0.2052%
三菱UFJDC国内債券インデックスファンド	0.1728%
野村外国株式インデックスファンド MCSI-KOKUSAI	0.2376%
DCダイワ外国債券インデックスファンド	0.2484%
野村新興国株式インデックスファンド（確定拠出年金向け）	0.6048%
野村新興国債券インデックスファンド（確定拠出年金向け）	0.5940%

一般向け専用ファンド	信託報酬率
インデックスファンド225	0.5616%
野村日本債券インデックス（野村投資一任口座向け）	0.2484%
SMTグローバル株式インデックスオープン	0.54%
野村外国債券インデックス（野村投資一任口座向け）	0.324%
eMAXIS新興国株式インデックス	0.648%
eMAXIS新興国債券インデックス	0.648%

※2016年4月20日時点

出所：「投信まとなび」（イボットソン・アソシエイツ・ジャパン）より比較的残高の多いものの中から抽出

DCのどこがそんなにスゴいのか？③
——勤務先が潰れても大丈夫

これは企業型DCに限っての話です。先ほども説明したように企業型DCは退職金制度の一つです。では勤務先の会社が潰れたら退職金はいったいどうなるのでしょう。答えは「わからない」です。

退職金や企業年金は本人には渡さず会社で積み立てています。もちろん通常の退職金制度においては会社がそのお金に手をつけるということはありませんが、さまざまな理由で、本来支給すべき金額に対して積立金が足らないという場合もあり得ます。そんな場合は、仮に支払われたとしても、本来もらえるはずの金額よりもかなり少ないか、あるいはほとんどもらえないというケースもあり得ます。

もちろん約束した退職金が全部支払われるということもあり得ますが、そもそも会社がつぶれるなどというのはかなり会社自身の状況が厳しくなってきたからそうなるわけですので、まず予定金額の満額が支払われるということは考えにくいといっていいでしょう。

ところが、DCは、他の年金や退職金と違って会社がお金を預かって運用するのではなく、本人の口座をつくってそこに積み立てていきます。社員である加入者はそのお金を自分で運用するのです。

したがって、そのお金はすでに会社の手を離れてあなた個人のものになっていますから、会社が潰れようが業績が悪化しようが何の関係もありません。これは他の退職金制度にはない大きな特徴です。

NISAよりはるかにおトク！

2014年から始まった少額投資非課税制度（通称NISA）は順調に利用者が拡大しているようです。何せ運用した結果得られる利益に対して本来は20％かかる税金がまったくかからないということですから、これはとてもいい制度です。マネー雑誌でも金融機関でも積極的にこのＮＩＳＡの利用を呼び掛けています。

ところがＤＣはＮＩＳＡが比較にならないぐらい、特典が満載なのです。まず17ページで説明したように個人型ＤＣは掛金が全額所得控除されます。ＮＩＳＡにはこの所得控除はありません。前に所得控除で説明したように利用する期間が長いとＤＣは何百万円も税金が得になります。これはとても大きな差です。

さらにＮＩＳＡの場合は年間利用限度額が１２０万円（２０１６年4月現在）で、期間は5年ですから、最大でも６００万円までしか投資できません。

ＤＣには期間というものがありません。強いていえば60歳までしか積立てができませんので年齢によって利用できる期間は異なりますが、仮に30歳から利用を始めたら30年は利用できますので、サラリーマンで年間27万６千円の積立てを続ければ８２８万円まで積立てができます。

自営業なら何と２４４８万円も積立て可能なのです。ＮＩＳＡもＤＣもどちらも運用益に税金はかかりませんから、運用できる金額の差は大きいといえます。

また、ＮＩＳＡは名前が示す通り投資のための制度ですから預金等には使えません。したがって投資を一切やらない人には利用価値はありませんが、ＤＣには預金や保険といった元本保証の商品もありますので、柔軟に使うことができます。

このようにあらゆる面においてＤＣはＮＩＳＡよりも優れた制度ですが、強いて一つＤＣの問題点を挙げれば、60歳までおろせないということです。ＮＩＳＡの場合は、いつでも売却して現金化することが可能ですので利便性という面ではＮＩＳＡに分があります。

ただ、ＤＣの目的は老後の資産づくりということに限定されるわけですから、60歳までお金を引き出せないというのは逆にメリットと考えることもできます。**資産形成の鉄則は、「預ける時は簡単に、引き出す時は面倒に」**ということですから、これは必ずしもデメリットはいえないのではないでしょうか。

利用しないと損する これだけの理由

ＤＣに加入している人は現在、企業型が約５５０万人、個人型は約25万人です。前

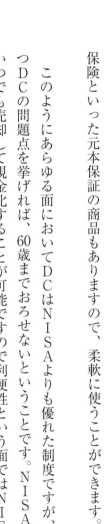

にも述べたように企業型は会社が制度を導入すればほぼ全員が加入することになりますから、現在の実施企業数が2万社を超えているということから考えればこれぐらいの加入者がいてもおかしくありません。

一方、個人型はあくまでも個人が任意で加入するものですから、制度があることすら知らない人が多い現状ではまだまだ少ない人しか入っていないのも無理はないでしょう。それに個人型DCに加入できるのは自営業等の1号被保険者といわれている人たちと企業年金制度のない会社に勤めている人のみです。

ところが、「確定拠出年金法等の一部を改正する法律」によって2017年1月からは一部の例外を除いて、ほぼ誰でもこの個人型を利用できるようになります。今まで加入できなかった公務員、専業主婦、企業年金のある会社に勤めているサラリーマン等、ありとあらゆる立場の人が利用できるようになるのです。

人生においてライフプランは人それぞれですが、老後の生活だけは例外なく誰にもやってきます。つまり誰もが老後の生活に備えて、自分なりの蓄えをしておくことが必要なのです。その手段としてＤＣを使うか使わないかは大きな差になってきます。税金の面で見ても金融商品の手数料で見てもＤＣを利用することによって長い間には何百万円も差が出てきます。

お金を増やす上で最も大きな敵は〝コスト〟です。コストというのは、税金と手数料です。ＤＣは運用益に税金がかかりませんし、個人型ＤＣであれば、税金も大きく戻ってきます。さらに運用の手数料も普通に金融機関で買うのに比べて大幅に安いのですから、まさにＤＣは利用しないと損をする制度です。

もちろんＤＣだからといって必ずしも投資をする必要はありません。投資はやりたくないという人であれば、預金で利用することもできるからです。その場合でも所得控除のメリットはありますから、やはり普通に預金するのに比べるとかなり有利です。まさに知らないと損をする確定拠出年金といっていいでしょう。

第1章

いま知らないと損する「老後のお金」の授業

あなたの老後を支えるのは三本脚の椅子

●老後のお金の不安、その正体は…

さて、ここからいよいよＤＣ（確定拠出年金）の具体的な話に入っていくわけですが、その前に誰もが漠然と持っている〝老後のお金の不安〞とその対処方法について基本的な正しい知識を整理しておきましょう。

この章では以下の内容について説明していきます。

- 老後を支える手段はいったいどんなものがあるのか
- サラリーマンの老後を支える柱――退職金と企業年金を知ろう
- 自営業者が最も効率的に〝自分年金〞をつくる方法
- 公務員の年金はどう変わったのか？

・サラリーマンでも自分の退職金を自分で増やすことができる

老後のお金に関しては誰もが漠然とした不安があります。

その不安の理由はいったい何なのでしょう。それは〝わからない〟ことにあります。

何がわからないのか？　老後のお金については三つの〝わからないこと〟があります。

まず一つ目は支出、つまり「老後の生活にいくらかかるのかわからない」ということです。次に収入、これは「老後にどれぐらいのお金がもらえるのかわからない」ということ、そして最後は「そのためにいったいどれぐらいお金を用意すればいいかわからない」ということです。

多くの人がこれらを不安に思うのは当然です。現役で働いている人たちは誰もが引退した後の生活を経験したことがないからです。ところが、私のように実際にサラリーマンを引退した経験からいうと、老後の生活費というのはそれほど多くかかるものではありません。

図4 あなたの老後を支える３本の脚

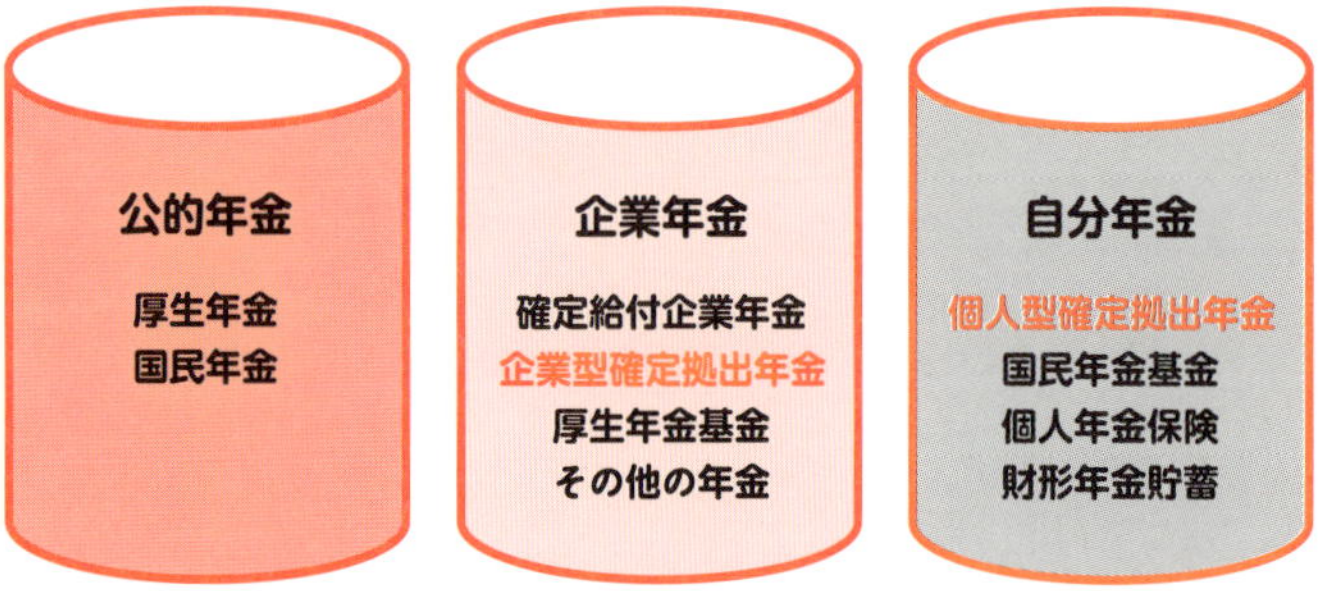

むしろ収入のほうが心配かもしれません。サラリーマンであれば会社をリタイアした後にいったいどんな収入が入ってくるのか、を整理しておくことはとても重要です。

●三本脚の椅子とは

私は老後を支えるのは「三本脚の椅子」だと思います。一つ目の脚は「公的年金」、すなわち国からもらう年金のことです。二つ目はサラリーマンであれば「退職金」や「企業年金」といわれるものです。これは会社からもらえます。そして三つ目の脚が自分で用意するお金です（図4）。

これは日本だけの話ではなく、アメリカでも同じです。老後の資金をまかなうのは、“Three legged stool”（三脚椅子）といわれており、Social security（公的年金）、Employee pension（雇用者年金）、Personal savings（個人の蓄え）の三つが老後生活を支えるとされています。

●日本とアメリカでは異なる状況

このように国は違っても老後を支える柱はおおむね同じようなものですが、日本とアメリカとではかなり違いがあります。特徴をひとことでいえば、日本の場合、公的年金や退職金・企業年金はアメリカに比べて決して見劣りするわけではありませんが、三本目の脚である個人の蓄えについては、どうやらアメリカのほうがかなり自助努力で厚く備えているように思われます。

そもそもアメリカという国は建国時から独立、自立の精神の強い国です。歴史的な経緯は異なるものの、我が国の場合は明治以降、特に太平洋戦争後は比較的手厚い社会保障制度があったために、アメリカに比べるとどうしても自助努力による老後資金準備は見劣りがするように思います。

しかしながら、ここからの時代は少し方向が違ってくると思います。私は公的年金というのはすぐに破たんするようなものではないと思いますし、世間でいわれているほど、頼りない制度ではないと思いますが、支給額が減ったり、支給開始年齢が遅くなったりすることはおそらく避けられないでしょう。

では、公的年金が縮小するとすれば、それを二つ目の脚である企業年金や退職金でカバーできるかというとそれもそれほど簡単ではないでしょう。日本が再び高度成長の時代に戻ればいいですが、人口が減少していく時代においては、企業の規模や利益自体も大きく拡大していくということは考えにくいからです。

●日本でも三本目の脚が太くなる

結論からいえば、「老後の備え」という観点で考えると日本はこれから、アメリカ型の自助努力、すなわち三本目の脚を重視するタイプの社会に移行していくのではないかと考えられます。というよりもむしろすでにその流れは始まっています。

先ほど、アメリカは個人の蓄えが充実していると書きましたが、その最大の理由が実はDC（確定拠出年金）なのです。アメリカにおけるDCは、1970年代の後半から始まった401kプランやIRAといわれる退職準備のための制度です。これによってアメリカで個人が老後のために自分で準備する資産が大きく増大しました。

日本でこの制度が始まったのは2001年ですから、すでにもう15年近く経っています。しかし、その割にはあまり知られていませんし、正確に理解もされていないといえます。本書を書いたのもその魅力を知って活用してほしいからです。

最近の動きを見ていると、時代は間違いなく個人の自助努力が重視される方向になりつつあります。本書はそのしくみや利用法について具体的に説明することで、みなさんが世の中の流れに乗り遅れて損をすることのないようにしたいということを目的としています。

自営業者が自分で「退職金」と「年金」をつくる方法

自営業者はかなりの部分が自助努力

よく、日本の年金制度は〝三階建て〟だといわれることがあります。全国民が必ず加入する共通の部分である基礎年金、これが一階です。サラリーマンであればそれに厚生年金という制度があり、これが二階部分といわれています。

ここまでは国が運営する公的年金ですが、これに企業が独自に上乗せする部分として退職金の一部を年金化した企業年金という制度がありますので、これが三階部分といわれ、合わせて三階建てになっているといわれるわけです。

公務員の場合はのちほどくわしく説明したいと思いますが、この制度とは若干違うものの、基本は三階建てです。ところが自営業の場合は、公的な制度としては一階部分の「基礎年金」しかありません。
こういう状況を見て、「サラリーマンは恵まれているけど自営業者は不利である」と思うのは早計です。なぜなら、サラリーマンと違って自営業には定年がありませんから、身体が元気であれば何歳まででも働くことができます。生涯賃金という面で見れば自営業者のほうが有利な場合もあります。

またサラリーマンは退職金があるからいいと思われがちですが、前述したようにサラリーマンの退職金は**「給与の後払い」**という性格の強いものです。だとすれば、自営業者も日々の稼ぎの中から老後の積立てをすることは十分可能です。サラリーマンとの違いは会社がやってくれるか、自分でやるかの違いであって、原資は同じです。

ただ、サラリーマンの場合は自分が何もしなくても会社が準備してくれますが、自営業の場合は自分で準備しないといけないというところが大きな違いです。
すなわち自営業者にとってポイントになるキーワードは、老後資金準備のかなりの部分が「自助努力」によるものだということです。

●自営業におすすめの「自分年金」と「自分退職金」づくり

さらに、自営業の人が自助努力で老後資金づくりをしようと考えた場合、税の面でかなり優遇されている制度があります。まずは何といっても、**「個人型DC」**です。あらゆる点でこの制度は最強だと思います。

自営業者の場合は、掛金の上限額が月6万8千円、年間では81万6千円となり、この全額が所得控除されるため、19ページでも挙げたように課税所得が400万円の人の場合、上限一杯掛けると、23万6400円が戻ってくることになります。

次に**「小規模企業共済」**です。これは従業員数が20名以下（業種によっては5名以下）といった小規模な企業や事業を営む個人事業主や役員が加入できる制度です。位置づけとしては小規模企業経営者の退職金制度と考えていいでしょう。

この制度も個人型DC同様、掛金の全額が所得控除されますが、上限が月額7万円ですので年間では84万円にもなります。この結果、前述の例と同じ課税所得が

400万円の人の場合だと上限一杯かけると24万1300円が戻ってきます。

この他には国民年金基金があります。ただし、この制度は掛金の枠が個人型DCと共通ですので、拠出限度額は個人型DCと国民年金基金を合わせて月額6万8千円です。

以前、この国民年金基金は、予定利率が非常に高い時期がありました。しかし、現在は1・5%とあまり高くありません。しかも加入時点での予定利率が固定されますので、将来の物価上昇に対応できるかどうか不安があります。

したがって、同じ所得控除の枠を使うのであれば、国民年金基金よりも個人型DCを使ったほうがはるかに柔軟で有利な活用ができるといっていいでしょう。

また、個人年金保険という商品が、生保にあります。これは正直いって老後資金づくりにはあまり向いていないと考えたほうがいいでしょう。これも国民年金基金同様、かつて利回りが高かった時期であればともかく、現在の低金利ではあまりメリットはありません。

また所得控除はありますが、その金額は個人型ＤＣと比べればあまりにも少なく、どちらを優先して利用すべきかは明白です。

結論からいえば、自営業者の「自分年金」、「自分退職金」づくりは、①個人型ＤＣ、そして、②小規模企業共済の二つがおすすめの方法といっていいでしょう。

●個人型ＤＣはサラリーマンでも利用できる

先ほどの説明でサラリーマンの年金は三階建てというお話をしましたが、すべてのサラリーマンがそうだということではありません。三階の部分というのは企業が独自に設けた年金制度ですが、企業年金のない会社は世の中にたくさんあります。そしてそこに勤める人の数は１８００万人ぐらいいるといわれています。

こういう方たちは自営業者と同様、個人型ＤＣに加入することができます。ただ、所得控除は自営業者ほど多くないですが、それでも年間だと上限27万6千円まで掛金を出せば全額、所得控除が受けられますので、これもきわめておトクな制度です。

「自分年金づくり」というのはよく使われるセリフで、金融機関が自社の金融商品をすすめる時に使われますが、何といっても最強の方法は個人型DCであることはぜひ知っておいていただきたいと思います。

公務員の年金制度はどう変わったのか？

民間とほぼ同じ制度に

前項でサラリーマンの年金について簡単に触れましたが、今までは同じサラリーマンでも民間と公務員ではその構造がまったく異なっていました。

共通だった部分は俗に〝一階部分〟といわれる基礎年金だけで、これは自営業者もサラリーマンも同じ、すなわち20歳以上60歳未満のすべての日本人が加入するシステムになっています。

ところが二階から上は民間と公務員では異なるシステムになっていました。民間企業の場合は厚生年金という制度に加入していますが、公務員の場合は「共済年金」という制度があり、さらに「職域加算部分」という制度があって、公務員独自の三階建て制度になっていたのです。

しかし、数年前から官民格差をなくすべきだということで、「被用者年金の一元化」という名前のもとに民間と公務員の制度の統一が図られました。官民、それぞれの立場からどこが有利とか不公平とかについては、さまざまな意見がありますが、結果として2015年10月から公務員の共済年金が民間の厚生年金に吸収される形で一元化されました。

●公務員の年金はどこが変わるのか?

このように公務員の共済年金は厚生年金に統一されることになりましたが、その他にも公務員独特の制度であった「職域部分」も廃止となりました。

これは民間企業でいえば企業が独自に上乗せする三階部分という位置づけで、今回の制度改正では、この「職域部分」の廃止が最も大きなポイントといっていいでしょう。

この「職域部分」を廃止した代わりに新たに「年金払い退職給付」という制度ができたので、実質的にはあまり変わらないのではないかといった意見もありますが、全体として水準が調整されたことは事実です。

具体的には、当面の退職給付の官民格差は退職手当の支給水準を引き下げることによって調整するとされています。つまり、公務員が受け取る年金・退職金は、従来に比べて減る方向にあるということです。

この他にも保険料率の見直しや細かい制度面での変化はありますが、大きな変化としては前述のようなところとなります。

●公務員も「自助努力」が必要な時代に

従来はどちらかといえば、給料は民間の方が高い代わりに公務員は手厚い退職後の給付があるということでバランスが取られている面もありました。ところが高度経済成長の時代とは異なり、民間企業の給与もなかなか上がらないため、給料の差が縮小する半面、相対的な退職給付の手厚さが逆の格差を生み出すようになったということです。

これを解消するために行われたのが、「年金の一元化」です。これによってどういう変化が起きるかということですが、最も大きな点は、今後は公務員にとっても老後に向けた資産形成は民間同様、「自助努力」が必要な時代になっていくということです。

●公務員も個人型DCが利用できるようになる

前述したように、従来個人型DCは自営業等の「1号被保険者」といわれる人たちと企業年金のない民間企業に勤めるサラリーマンしか加入することができませんでしたが、今回の法改正によって公務員の方も加入できるようになります。

先にも述べましたが、日本の社会保障制度は今後、自助努力を重視する方向に向かうということなのだろうと思います。

したがって個人型DCというのはきわめて優れた制度ですから利用できるようになるのであれば、これを利用しない手はありません。公務員のみなさんもぜひ積極的に利用することをおすすめしたいと思います。

確定拠出年金法の改正によって何が変わるのか？

●なぜ確定拠出年金法が改正されるのか

「確定拠出年金法等の一部を改正する法律」によって、DCに関していくつかの改正点が出てきました。内容の概略は**図5**の通りです。

この制度改正の目的は二つあると考えられます。

1. 働き方の多様化等に対応して企業年金制度の普及・拡大を図ること
2. 老後に向けた個人の継続的な自助努力を支援するため制度を拡充する

図5 制度改正のおもなポイント

1.企業年金の普及・拡大

① 事務負担等により企業年金の実施が困難な中小企業（従業員100人以下）を対象に、設立手続き等を大幅に緩和した『簡易型DC制度』を創設

② 中小企業（従業員100人以下）に限り、個人型DCに加入する従業員の拠出に追加して事業主拠出を可能とする『個人型DCへの小規模事業主掛金納付制度』を創設

③ DCの拠出規制単位を月単位から年単位へとする

2.ライフコースの多様化への対応

① 個人型DCについて、第３号被保険者や企業年金加入者、公務員等共済加入者も加入可能とする
※企業型ＤＣ加入者については規約に定めた場合に限る

② DCからDB（確定給付企業年金）等への年金資産の持ち運び（ポータビリティ）を拡充

3.DCの運用の改善

① 運用商品を選択しやすいよう、継続教育の努力義務化や運用商品数の抑制等を行う

② あらかじめ定められた指定運用方法に関する規定の整備を行うとともに指定運用方法として分散投資効果が期待できる商品設定を促す措置を講じる

※厚生労働省ＨＰ「確定拠出年金法等の一部を改正する法律案（平成27年4月3日提出）」概要より抜粋

根底にある基本的な考え方は、公的年金でできることは限界があるので、**〝より使いやすい企業年金制度〟**をつくることと、**〝個人の自助努力でできる老後資産形成〟**を支援するということだと私は解釈しています。

そういう観点から図5の項目を見てみると、いずれもうなずけるものばかりです。特に注目すべきところは、企業型ＤＣでいえば１－①、個人型ＤＣでは１－②と２－①です。また資産運用という面から考えて意味があるのは３－①だと考えます。

●中小企業向けの制度拡大支援策

１－①の「簡易型ＤＣ制度」は、中小企業での採用拡大の呼び水にしようということでしょう。実際に企業年金制度のない中小企業というのはかなりの数が存在します。そういう先が少しでも企業型ＤＣを導入しやすくするということでは、とても意味のあることです。

さらに、それでも導入が難しい場合は、１－②のように中小企業で個人型ＤＣを導入し、それに対して会社がいくらか援助してあげるというしくみが考えられています

（このしくみはアメリカの401kプランとそっくりです）。

実際に企業型DCというのは、導入にあたってきちんとやろうとすると、かなり負担が大きくなります。企業の中で個人型DC加入者を募り、その人たちに対して会社が補助を出してあげようというのはかなり合理的な制度になると思います。

中小企業に勤務しているみなさんにとっては、老後のお金づくりの手段として、とても有利な方法が新たにできるようになった、と考えていいだろうと思います。

●個人型加入対象者の拡大

2－①は今回の法改正で最も大きなポイントになると考えています。前述したように個人型DCは従来限られた人たちしか利用できなかったものが、ほぼ誰でも加入できるようになるということですから、個人型の加入者は一挙に拡大することが予想されます。

どういう人たちが入れるようになり、どれぐらいの掛金を掛けることができるのか、は**図6**をご覧ください。特に、今まで企業型、個人型を問わず、DC自体にまっ

図6 個人型DCに加入できる人と積立限度額

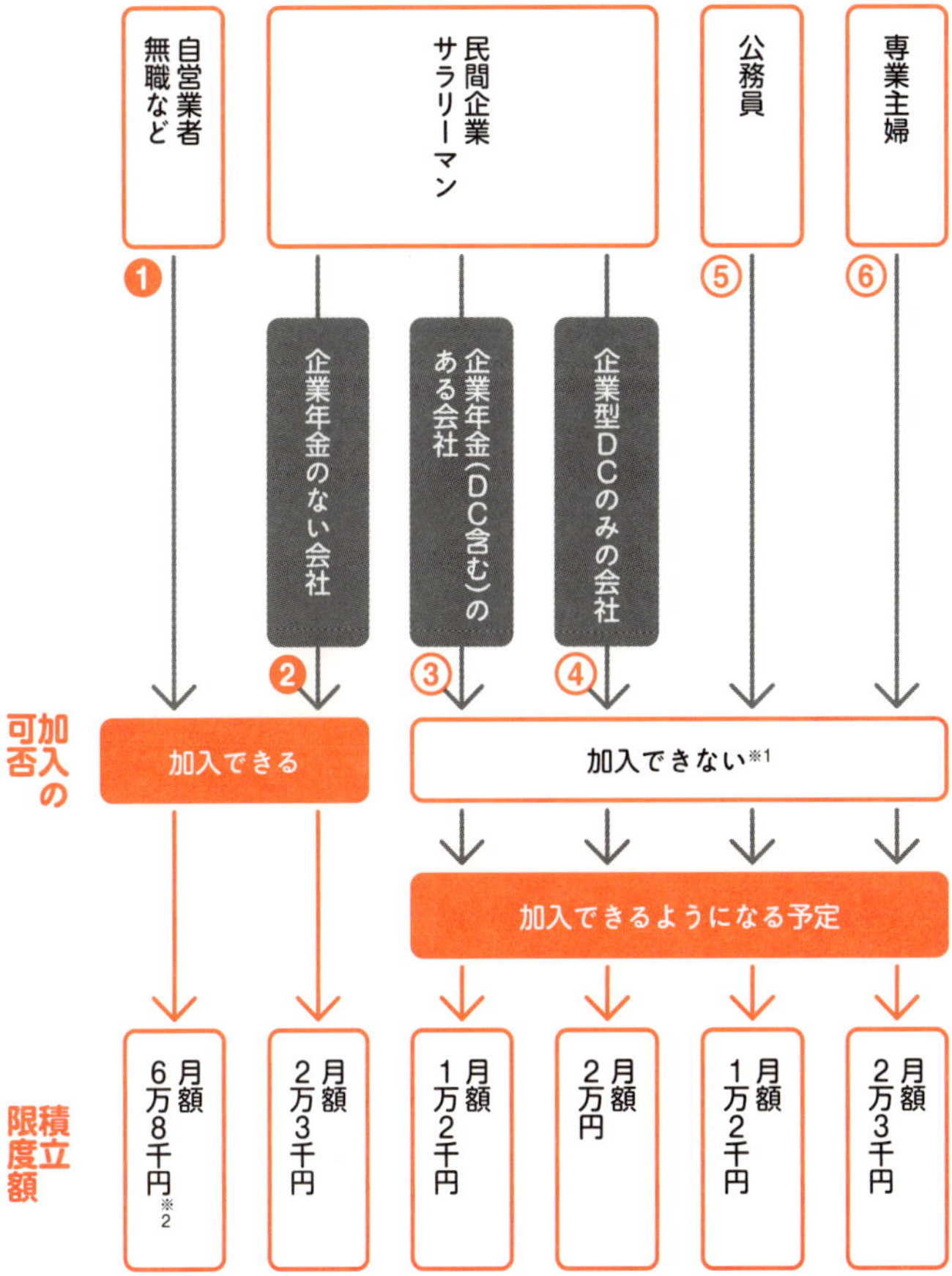

※1 現在、④に該当する人は企業型にしか加入することができない。③、⑤、⑥に該当する方は企業型から資産を移換した場合には掛金を出すことはできず、保有する資産を運用するのみ。

※2 自営業者などの場合の積立限度額は「国民年金基金」積立て枠との合算。

たく入れなかった公務員やいわゆる専業主婦（3号被保険者）が入れるようになることは大きいと思います。

これで誰でも、自分の裁量と自助努力で効率よく税の特典を使って老後資産づくりができるようになるからです。

●商品数が少なくなることも実は重要！

46ページ、図5の3－①は、DCのことをあまりよく知らない人にはピンとこないかもしれませんが、これも実は非常に意味のあることです。具体的な数字はまだ決まっていませんが、DCで採用される商品数には一定の上限が定められる方向です。

企業年金連合会が2013年に調査したデータによりますと、DCを導入している企業における採用商品数の平均は17・4本。20本以上の商品を採用している企業も全体の2割以上で、中には60種類以上の商品を採用している企業もあるそうです。

加入者にとっては選択肢が多いほうがいいのではないか？　一見そう思えるのですが、私のように実際にDCの現場で10年以上仕事をしてきた人間からいわせてもらば、実態は逆なのです。

すなわち商品数が多いと、人間は「情報負荷」という状況に陥ってしまい、適切に組み合わせたり、選んだりすることができなくなってしまうのです。結果、多くの人は「面倒くさいから放っておこう」ということになり、選択しなかった場合にあらかじめ購入することが決められた商品（多くの場合は定期預金）にお金を放っておくということになるのです。

このあたりのところは第3章「運用」のところでくわしく説明したいと思います。

こんなにおトクな制度なのになぜ知られていないのか？

すべての元凶はPR・告知不足

個人型DCの加入者数は2016年1月末時点で約25万人です。これに対して生保の個人年金保険の加入者は2000万人以上ですし、国民年金基金も約45万人ですから個人型ＤＣの加入者数がいかに少ないかがよくわかります。

繰り返しになりますが、個人型ＤＣは老後の資産づくりには最強の手段です。もっと利用者が多くていいはずなのに、利用する人がそれほど多くないのはなぜでしょうか。

最大の理由は、ＰＲ不足と告知不足です。取扱い窓口の金融機関、そして実施機関である国民年金基金連合会といった組織のＰＲ不足は明らかです。

●銀行の窓口に行っても、わからない

実際、私がこれまでに書いた個人型ＤＣに関する記事を読まれた方が銀行の窓口を訪れたけど、窓口では「どうやって手続きをしていいかわからない」といわれた、あるいは「窓口では手続きを受け付けていない」といわれた、という声を何人もの方からいただいています。

もちろんこれは銀行だけではなく、他の金融機関でも大なり小なり同様のことが起きています。金融機関が自分のところで取り扱っている商品や制度のことをよく知らないというのは本来、あり得ないと思うのですが、なぜこういうことが起きるので

しょうか。

理由は明らかです。金融機関にとって、投資信託を窓口で販売するビジネスに比べると、ＤＣはあまり儲からないからです。これは「ＤＣのどこがそんなにスゴいのか？」（16～23ページ）でもお話しした通り、ＤＣで購入できる投資信託の運用手数料が、かなり安いことがその理由です。

金融機関だけではなく、ファイナンシャル・プランナーの中にも老後の資産形成方法として個人型ＤＣをすすめないという人がいると聞きます。

確かに金融機関にとってみれば、手数料の高い商品を売りたいのは当然でしょうし、ＦＰにとっても、コミッションの入る保険を販売する方が実入りはいいですから、個人型ＤＣをすすめないというのは当たり前でしょう（もちろん、個人型ＤＣをすすめてくれる良心的なＦＰもたくさんいます）。

金融機関にとって儲からないということは、手数料が安いケースが多いので、利用者にとっては有利というのは当然のことです。

大切なことは、個人型ＤＣのしくみをきちんと知って、自分で判断して加入するかどうかを決めるということです。

●国民年金基金連合会もＰＲ不足

個人型ＤＣの制度を実施する機関は「国民年金基金連合会」というところです。ところがこの団体は同じ老後資産形成の手段である「国民年金基金」も運営しています。したがって、国民年金基金連合会のホームページを見ると、確かに下のほうに「個人型ＤＣ」のことが載っていますが、残念ながらあまり積極的に宣伝されているというイメージはありません。

私の妻はかつて1号被保険者だったので、個人型ＤＣへ加入できる資格がありました。当時、1号被保険者の上限一杯を個人型ＤＣで掛けていました。

そんな妻のところに、国民年金基金連合会からＤＭが送られてきました。内容は「国民年金基金に入りませんか?」という勧誘です。私の妻は上限一杯まで個人型ＤＣに入っているので、国民年金基金に入る余裕はありません。

そんな先に国民年金基金のＤＭを送ること自体がそもそも無駄な経費ですが、仮に名寄せができていなかったとしても、せめて国民年金基金だけではなく、個人型ＤＣ

の資料も同封しておくべきではないでしょうか。両方の制度とも、自分のところが運営しているのですから。

もともと国民年金基金連合会は「国民年金基金」の普及拡大ということに力を入れていますから、個人型ＤＣに対して、なかなか注力できないのもやむを得ないのかもしれません。

自分で調べて考え、行動することが大切

さて、この辺で個人型ＤＣを取り巻く環境について少し整理してみましょう。

1. 個人型ＤＣは老後資金づくりには最強のしくみである
2. 法改正がおこなわれることによって、ほぼ誰でも加入できるようになる
3. ところが金融機関も制度運営する団体もＰＲには積極的でないため、知られていない

という状況であるとすれば、結論はただ一つ、**「誰かにすすめられなくても、自分で内容をよく調べて、自分の意志で加入することを検討する」**ということになるでしょう。

本書は、その判断の基準となり得る情報をみなさんにきちんと知っていただくことを目的としています。

次章からは「制度への加入」→「資産の運用」→「メンテナンス」→「年金を受け取る」という順序で、制度の上手な利用方法についてお話ししていくことにしましょう。

STEP 1
始めるには
どうすればいいか

第2章

そもそも私は入れるの？

●その人の立場によって異なる

ここからは実際に個人型確定拠出年金（個人型ＤＣ）にはどうやって入ればいいか？　についてお話しします。

どんな人が加入できるのか、そして毎月どれぐらいまで掛金を掛けることができるのか、については49ページの**図6**をもう一度見ていただければわかると思います。どんな立場なのかによって金額が異なるのがおわかりでしょう。

なぜ掛金の上限が異なるのか、ということですが、個人型ＤＣというのは貯蓄ではなくてあくまでも年金制度ですから、その人が加入できる他の年金制度とのバランスによってまったく異なってくるというわけです。

たとえば、自営業のように国民年金しかない人の場合は、その分自助努力でできる幅を大きくしています。月額6万8千円というのは最高額です。同様に企業年金のない会社に勤めるサラリーマンや国民年金以外には年金のない専業主婦等は他の人たちに比べて2万3千円と、やや多い金額になっています。

これに対して企業年金のある会社に勤めるサラリーマンや公務員の場合、他の年金制度が手厚いために自分で掛けることのできる上限は1万2千円と少なめです。

まずは、自分がいったいどの立場にあるのか、ということをまず調べてみましょう。その上で、できることなら上限金額一杯を利用するのがおすすめです。

現在の生活状況を考えてあまり無理するのは禁物ですが、老後のお金というのは自分の意志で積み立てるのはなかなか難しく、こういう手段で自動的に積み立てていくしくみが最も有効です。

可能な限り、しっかりと積み立てていくことを考えたほうがいいと思います。

●入れない唯一の人は？

法改正によってほとんど誰でも加入できるようになりますが、個人型DCに入れないグループの人たちが一つだけあります。それは企業型DCが導入されている企業の中で、**「従業員拠出」**といわれている制度が導入されている企業に勤めるサラリーマンです。

本来、企業型DCは掛金を全額企業が出す制度です。ところが2011年に成立した「年金確保支援法」によって、2012年1月から、企業の掛金拠出に加えて、従業員が自分で上乗せして掛金を出せるようになりました。これが「従業員拠出」です。

これは本来、退職金制度であった企業型DCに加えて、従業員が自助努力で上乗せして老後資金づくりができるようにしようという主旨で発足した制度ですから、すでにこの制度が利用できる状況にある人は個人型DCを利用できなくてもかまわない、という考え方なのでしょう。

では、そういう対象の人たちがいったいどれくらいいるのかということですが、

２０１２年１月に始まった、この「従業員拠出」の制度を採用しているのは、企業型ＤＣ採用企業全体の約27％です（２０１６年１月現在、厚生労働省調べ）。それらの企業の従業員数はわかりませんが、単純に比例で計算すると、１４７万人ぐらいが「従業員拠出」制度のある会社に勤めていることになります。

つまり、これらの対象の人たちは現時点では個人型ＤＣに加入することができないということですから、全国民の１・２％ぐらいということになります。

将来的に、この「従業員拠出」を採用している企業がこの制度を廃止してしまえば、個人型ＤＣに加入することができるようになるだろうということは考えられますが、現時点でこれに該当する人は注意が必要だということです。

● 私は入ったほうがおトクなの？

また、「専業主婦」の人は入ったほうがおトクなの？　という疑問をよく聞かれます。個人型ＤＣの最大のメリットである「所得控除」の特典は、所得のない専業主婦には意味がないので、加入しても仕方がない、という考え方です。

しかしながら、私は必ずしも意味がないとは思いません。なぜなら、所得控除はないものの、運用益が非課税だというメリットは存在するからです。長い期間にわたって、利息や配当金に税金がかからないというのは、かなり大きなメリットといっていいでしょう。

仮に専業主婦が、時給が８００円のパートを1日5時間、週に4日間（月に16日間）働いたとします。そうすると月間の収入は6万4千円となります。このうち、積立上限の2万3千円を個人型ＤＣに掛けた場合、年間の掛金額は27万6千円。子供が少し大きくなってきた40歳から60歳までパートで働いて上限一杯積み立てると60歳の時点では５５２万円になります。

ご主人の退職金に加えてこれだけのお金が増えますし、利息や配当金にはいっさい税金がかからないわけですから、利用できるものは利用したほうが有利だと思います。

どうすれば加入できるのか？

●はじめにやることは、運営管理機関を選ぶこと

ここからは、どうすれば個人型ＤＣに加入できるのかをお話しします。個人型ＤＣに入るためにはまず口座を開設しないといけません。口座を開設するのは「運営管理機関」というところです。運営管理機関のほとんどは金融機関です。

運営管理機関というのは、加入者が年金資産を運用する商品をそろえて提示し、その商品に関する情報を提供するのが仕事です。

どこの運営管理機関を選ぶかによって手数料も違えば、運用商品の種類も数もまったく違うので、どこを選ぶかはとても大切です。

企業型ＤＣの場合、この「運営管理機関」は会社が従業員の代表（労働組合など）と一緒に協議して選ぶので、個人には選択の余地はありませんが、個人型ＤＣでは自

分で選ぶことができます。ですから、各社の内容をよく検討することが大切です。

どうやって選べばいいのか。どこの運営管理機関がいいのか。そして、それはどこを見ればわかるのか、については、次でくわしく説明しますので、ここではまず「運営管理機関」を選ぶことが重要だということだけ知っておいてください。

運営管理機関のほとんどは金融機関だといいましたが、すべての金融機関がやっているわけではありません。どこの金融機関がやっているかについては制度を運営する国民年金基金連合会のホームページを見ると載っています。このホームページの中で「運営管理機関」というところをクリックすれば業種別に出てきます。

(http://www.npfa.or.jp/401K/operations/)

●サラリーマンであれば、勤め先にお願いすることがあります

運営管理機関を選ぶのは個人型DCを利用するに当たって、誰もがやらなければならないことですが、自営業や専業主婦（夫）、つまり1号被保険者と3号被保険者**（図7）**の方々はそれだけでかまいませんが、サラリーマンや公務員の人たちの場合はも

図7 1号～3号被保険者の区別

	1号被保険者	2号被保険者	3号被保険者
定義	2号・3号被保険者以外の者	国民年金加入者の内、厚生年金・旧共済年金加入者	2号被保険者の被扶養者
要するに	自営業、フリーランス、無職、学生等	サラリーマン、公務員	専業主婦(夫)

う一つやることがあります。

それは勤め先に「個人型DC」に加入したいと申し出ることです。企業型DCと違って個人型DCは個人が任意に加入するわけですが、自分がどこかの組織に所属しているとその所属先が、国民年金基金連合会に「事業所登録」をしなければなりません。

これはその企業に他の企業年金制度があるか等を証明することで、限度額の確認が必要だからです。

さらに掛金については、勤め先の企業に給料から掛金を天引きしてもらって払い込んでもらうか、自分の銀行口座等から引落にするかのどちらかになります。

給与天引きであれば、所得控除の手続きについても簡単なので、天引きしてもらう方がいいのですが、これは企業の意向があるので何ともいえません。

ただし、これらの流れは法改正の前のルールであり、今回は新たに公務員なども加入対象となるため、実際の手続きがどうなるかは、政省令や年金局長通知などで、今後変更されることもあります。

実際の加入に当たっては、手続き方法などは申込先の運営管理機関にしっかりと確認したほうがいいでしょう。

●申込手続きの方法

次に、運営管理機関を選んだら実際に申込手続きはどうすればいいかということです。前の章でもお話ししましたが、個人型ＤＣに入ろうと思って金融機関の窓口へ行っても、要領を得なかった、ということはよくある話です。

むしろ店頭で個人型ＤＣの加入手続きをやってくれる金融機関はきわめて少数と

いっていいでしょう。どこの金融機関でもすべての窓口で個人型ＤＣの加入手続きを受けてくれるようになればいいのですが、現状ではそれはかないません。

多くの金融機関ではコールセンターやインターネットを使って受付をやっています。ただ、そこで申し込みがすべて完結するということではなく、インターネットやコールセンターで申込に必要な書類を発送する手続きを依頼することになります。

その後、送られてきた書類に記入をして返送し、口座が開設されます。口座が開設されれば、運用商品を選んで毎月、定期的に購入していくという流れになります。

加入の手続きについては、以上が大まかな流れになります。金融機関によって違うこともありますので、申込みにあたっては、選んだ運営管理機関（金融機関）に確認しましょう。

金融機関を選ぼう

金融機関を選ぶ三つの基準

ここまで、運営管理機関（金融機関）という表現を使ってきましたが、運営管理機関は金融機関といい換えても差し支えありません。ここからはなじみのある金融機関という言葉で説明をしていきたいと思います。

前述したように、個人型ＤＣは自分で金融機関を選べるわけですが、どこを選んでも同じというわけではありません。金融機関によって揃えている商品の種類も内容もまったく違いますし、商品ごとの手数料も異なります。

さらには口座管理にかかる手数料も一律ではありませんので、どこを選ぶかによって損得にはっきりと差が出てきます。

金融機関を選ぶ基準は主に三つあります。

1. 商品の種類と品ぞろえ
2. 運営管理手数料（口座管理費用）
3. 投資信託の保有コスト（信託報酬）

まずは、1の商品の種類と品ぞろえからお話しします。

●長期の運用に耐え得るようなラインナップになっているか？

DCは60歳まで運用を続けていく制度です。仮に30歳で加入すれば30年間運用することになります。

十年ひと昔といいますが、30年運用を続けていくのであれば、その間にはおそらくいろいろな出来事があるでしょう。リーマンショックのような暴落も2～3度くらいはあるに違いないでしょうし、逆にバブル期のように株が大幅高になるようなことも十分起き得ると思います。どんな状況になっても自分の年金資産がきちんと守られるようにしなければなりません。
そのために必要なこと、それは運用する対象の商品について、おおよそのタイプが揃っているということです。株式、債券、そして日本と外国といった商品や市場は必ずしも同じ動きをするとは限りません。

金融機関によってはこれらの品ぞろえが不十分なところもあります。商品の数が多ければいいということではありませんが、少なくとも一般的に分散投資するために必要とされるカテゴリーは揃っていなければ、十分な投資はできません。

●口座に関する費用が高くないか？

次にお話しするのは2の運営管理手数料（口座管理費用）についてです。

通常、金融機関にDCの口座を開設する時は口座開設料がかかります。これは加入する最初の時だけかかる費用です。多くの金融機関ではこの金額は2777円ですが、中には6017円とかなり高いところもあります。

この費用は加入する時だけかかる一時的なものですから、もっと重要なのは、毎月かかる口座管理費用です。

毎月かかる口座管理費用は主に三つの部分に分かれます。国民年金基金に払う手数料、これは年間１２３６円です。そして次に年金資産を預ける信託銀行にかかる手数料が年間７６８円です。この二つはどこの金融機関でやっても同じです。

ところが金融機関が徴収する手数料は金融機関ごとにかなり違います。最も安いところは０円（ただし、一定の条件はあります）、これに対して最も高いところは年間５７００円です。この口座管理費用は一度だけではなく、毎年継続的にかかるものですから、よく調べておくことが大切です。

また、積み立てた年金資産を他へ移す場合に手数料が必要な場合もあります。たとえばフリーランスだった人がどこかの会社へ就職し、そこにある企業型ＤＣへそれまで積み立てた資産を移すといった場合です。これは移換手数料と呼ばれます。

ただし、この移換手数料はかからないところが多いようです。

口座管理手数料は金融機関によってかなり差がありますので、よく調べておくことが必要です。

投資信託の保有コスト(信託報酬)は適正か?

第3章の「運用」のところでくわしくお話ししますが、DCの運用においては、預金のような元本保証のものだけではなく、投資信託を活用することも大切です。

投資信託は普通、購入時にかかる手数料と保有している間、ずっとかかる手数料がありますが、DCの場合、購入時手数料のかかるものは、まずありません。したがって投資信託を購入する際に考えておかなければならないのは、**保有している間、かかる手数料＝「投資信託の信託報酬」**です。

この信託報酬は19〜21ページでもお話ししたように、普通に銀行や証券会社の窓口で買うものに比べればかなり安くなっています。とはいえ、金融機関によって扱っている投資信託の信託報酬にはかなり差があることも事実です。

具体的にいいますと、同じ日本の株式市場全体に投資するインデックス型といわれている投信でも信託報酬の高いものは、年率で0・6〜0・7%くらいのものがいくつかあります。一方で安いものは0・2%ぐらいのものもあります。

図8 信託報酬の差はこんなに効いてくる

	信託報酬0.65%	信託報酬0.2%
信託報酬累計金額	1,155,960円	355,680円

※22〜60歳までの38年間、月２万円ずつ積み立てた場合（掛金の累計額912万円）

図8をご覧ください。仮に毎月２万円ずつの掛金を22歳から60歳まで38年間積み立て続けたとします。掛金の累計額は９１２万円です。

ところが、信託報酬が０・６５％の場合と０・２％の両方を比べてみると、かたや約１１５万円、もう一方は約35万円ですからその差は約80万円になります。

長期にわたって運用することによるコストの差が、いかに大きいかということがおわかりいただけたのではないかと思います。できるだけ低コストの投資信託をそろえている金融機関を選ぶべきでしょう。

で、どこの金融機関がいいの？

●三つのうち、どれを最も重視すべきか？

では、この三つの基準のどれを最も重視すべきなのでしょうか。

最初に避けるべきなのは、1の商品の品ぞろえが極端に少なく、しかもバランスの悪いところです。一般的に投資信託は「アセットクラス」といって、基本的な運用対象のカテゴリーが四つあります。「国内株式型」、「国内債券型」、「外国株式型」そして「外国債券型」です。

地方銀行の一部には、ラインナップを見るとこの四つが揃っていない先がありますが、これでは適切な分散投資ができないということになります。そういう先は、まず選ぶ対象から外すべきです。

残った2の口座管理費用と3の投資信託の手数料（信託報酬）のうち、どちらを重視すべきか、ということになりますが、私は、3の手数料を最も重視すべきだと考えます。

口座管理費用は年金資産の多少にかかわらず定額ですが、手数料（信託報酬）は、資産の残高に一定の率を掛けて算出しますので、残高が多くなればなるほど、負担する手数料の差が大きくなるからです。

どうやって調べればわかるのか？

では、各金融機関の口座管理費用や扱っている商品の種類や手数料はどうやって調べればいいのでしょうか。

各金融機関にたずねたり、資料を取り寄せたりするのは手間ひまがかかりますが、個人型DCを取り扱っている金融機関を一覧で比較できるサイトがあります。それが特定非営利活動法人「確定拠出年金教育協会」が運営するWEBサイト、「個人型確定拠出年金ナビ」（http://www.dcnenkin.jp/）です。

このサイトは個人型DCを取り扱っている金融機関のほとんどが掲載されていますす（一部、掲載を拒否している金融機関については載っていません）。

各金融機関の口座管理費用も一覧で見ることができますし、運用商品もカテゴリーごとの商品数が一覧になっており、商品ごとの信託報酬も「詳細」を見れば掲載されています。

さらに

- 自分に加入資格があるかどうかの診断
- どれぐらい税金が安くなるかの簡易計算
- 手続きをどうすればいいか
- 金融機関の選び方の実例

まで載っていますので、はじめて個人型DCをやってみようという人にとっては、かなり便利なツールといえるのではないでしょうか。

●どこが一番おすすめか?

結局どこの金融機関がおすすめなのかということですが、前述した通り、一長一短なので、すべての面でここが一番、というところはありません。

商品の品ぞろえの豊富さと投資信託の信託報酬の安さということで、総合的にいいといえるのは野村證券です。ちなみに私は野村證券のOBですが、だからおすすめしているということではありません。事実、数年前までは野村證券の個人型DCは信託報酬が高くてあまりおすすめできるものではありませんでした**（図9）**。

口座管理費用でメリットが大きいのは、やはり**SBI証券**と**スルガ銀行**でしょう。この両社は、一定の条件を満たせば、口座料は無料になります。ただし、国民年金基金や信託銀行に払う分がありますから、まったくゼロということではありません。投資信託の手数料が高めなのが気になるところですが、SBI証券はごく最近、大幅に商品数が追加され、手数料の安い商品も増えてきました。

国内の株式や債券に限っていえば、りそな銀行の扱う投資信託はとてもコストが安いので、企業型からまとまった資産を移換したり、自分の運用したい対象が国内の株式や債券を中心にしたりするのであれば、こちらはおすすめです。

図9 おすすめの金融機関

	どこがいいのか？	留意点は？
SBI証券、スルガ銀行	・口座管理費用が安い	・移換手数料がかかる ・投資信託の信託報酬は一部の商品を除くとやや高め
野村證券	・品ぞろえが豊富 ・相対的に信託報酬は安い	・アクティブ型の信託報酬は高め
りそな銀行	・国内株式、国内債券の信託報酬が安い ・店頭で相談、手続きができる	・国内株、国内債券以外の投信の中には信託報酬の高いものもある

商品は今後も信託報酬の引き下げや追加が続くものと思われますので、目が離せません。

個人型DCに加入する場合、ほとんどは店頭での手続きではなく、ネットやコールセンターへの申し込みとなります。ただし、例外的に地方銀行などでは窓口で説明を受けながら手続きをしてくれるところがあります。

手続きに対して、ネットなどでは不安を感じる人にとっては便利といえるでしょう。ぜひ自分に合った先を、選んでいただければと思います。

STEP 2
「運用」ってどうすればいいかわからない

第3章

#「運用は難しい…」は大きな誤解

激増する〝運用難民〟！

企業型、個人型を問わず、確定拠出年金（DC）で一番重要なことは「自分で、自分の年金資産を運用する」ということです。

ところが、「運用」は、多くの方がハードルが高いと感じているようです。個人型DCの場合はほとんど「自分の意志」で入っている人ですが、企業型DCの加入者の多くは、会社で導入されて、自動的に入った人がほとんどです。

したがって、急に「自分で運用しなさい」といわれても戸惑うのは当然です。私も企業型DCの説明会を従業員のみなさんにやった際には、戸惑いの声をたくさんいただきました。「運用なんてまったくやったことがないのに、いったいどうすれば……」、「父の遺言で株にだけは手を出すなといわれている」などなど。

その結果、企業型DCを導入した企業の従業員の人は、その多くが何もしないまま放ったらかしの状態、いわば、運用難民の状態になっているのです。

2014年12月に企業年金連合会から発表された「確定拠出年金の実態調査」によれば、DC加入者の資産残高を商品別にみると、約6割が定期預金などの元本確保型になっています。

自分がリスクを取りたくないという明確な意思を持っていて、自分の意志で定期預金にしているのであればいいのですが、「何だかよくわからない」という理由で放ったらかしている人が多いと思われます。

多くの企業では、加入者が何のアクションも取らない場合、毎月の掛金が自動的に「定期預金」などの商品に入っていくようにデフォルト設定されているからです。

つまり、多くの人がどうすればいいかわからないので、運用難民と化して、そのまま放ったらかしているというのが企業型DC加入者の現状です。

この章では、企業型、個人型を問わず、DCにおける運用というのはどうすればいいのか、どういうやり方が合理的なのかについて解説していきたいと思います。

〝運用〟のイメージ、間違ってない？

「運用」に対するハードルが高いと感じている人が多いのは事実でしょう。私は多くのみなさんが誤解に基づいて、「運用はハードルが高い」と感じているのではないかと思っています。

まず一つ目の誤解は、「運用」とか「投資」という言葉から想起されるイメージに対する誤解です。

たとえば「運用」という言葉を聞くと、こんなイメージを想像しませんか。机の上にモニター画面がいくつもあって、株価の刻一刻の変化が表示されている。そんなモニターに向かって無言でキーボードを叩き、売買注文を出していく。

俗にいわれる「デイトレーダー」のイメージですね。もちろんこれも運用方法の一つではありますが、これが必ずしも運用のすべてではありません。

特にDCの場合は株式に直接投資することはできませんから、株式のデイトレードのようなことはできません。原則としては、まとまったお金を一度に投資するのではなく、毎月一定の金額を積み立てていくということですから、こういう短期トレード的な運用方法とDCはまったく縁がないと考えたほうがいいでしょう。

二つ目の誤解、それは運用がやたら難しいものだと思ってしまっているということです。運用が難しいと考える理由は、〝判断しなきゃいけないこと〟が多いからだろうと思います。「何を買えばいいのか？」、「いつ買えばいいのか？」、そして「いつ売ればいいのか？」――通常、株式や投資信託などで運用をやっていると、こういう判断をつねに求められると思いがちです。

ところが、これらを的確に判断するのは非常に難しいです。プロといわれる人たちでも、その判断を間違えることはいくらでもあります。ましてや普通に仕事を持っている人にとって、こういう判断を頻繁にすることはまず不可能です。

DCにおける運用はそんなに難しく考える必要はありません。**「何を買えばいいのか」がわからないのであれば、全部買えばいいのです。**乱暴に聞こえるかもしれませんが、これは市場全体を買う**「インデックス投資」**をすればいいということです。

「いつ買えばいいのか」のタイミングがわからないのであれば、タイミングを考えなければいいです。DCの場合は毎月一定金額の掛金で購入していくことになりますから、タイミングを考えることはありません。

「いつ売ればいいのか」は、基本は60歳まで運用が続くわけですから、多少の調整はしたとしてもそのまま保有し続ければいいのです。そして60歳になって年金として受け取るのであれば、そこから少しずつ換金していけばいいということになります。

ただ、60歳になった時点でリーマンショックのようなことが起こらないとも限りません。したがって、売却することについては多少判断が必要になります。くわしくはのちほど解説します。

さあ、いよいよ運用！でもやることはたったこれだけ

30秒でわかる！「確定拠出年金の運用」

ここからは、いよいよDCにおける運用の具体的なやり方についてお話ししていきます。DCの運用は本当に簡単なのです。DCの運用とは、

1. 申し込んだ金融機関の金融商品の中から、掛金で毎月購入する商品を選ぶ
2. 選ぶ商品は一つでも複数でも可
3. 選んだ商品を金融機関に登録する
4. 半年~1年に一度送られてくる資産残高の明細を確認する
5. 必要な場合は金融商品の入れ替えや、毎月の購入金額を変更する

必要なことは、たったこれだけです。一つひとつの項目についてはこれからくわしく説明していきますが、基本は購入する商品を決めて登録しておけば、あとは毎月の掛金で自動的に購入を続けていくだけですから、特段、何もする必要はありません。

DCの運用の骨子は、

1. 長期にわたって、
2. 少額の金額を毎月継続的に、
3. 分散投資で購入し続ける

ということになります。このうち、1と2は特に何もしなくても自動的にしくみの上でできるようになっています。

始めるにあたって、加入者であるみなさんがやらなければならないこと、それは、3の分散投資をするにあたって、どの商品を選ぶかということだけです。

●間違えてはいけない！　選ぶ順序

ここで注意しないといけないことがあります。それは、商品を選ぶ順序を間違えないことです。

私はこれまでに、数多くの企業でDCの加入者教育をやりましたが、どこの企業に行っても説明会の最後に出てくる共通の質問があります。それは「難しいことはどうでもいいから、どれを買えば儲かるか教えてよ」ということです。

多くの人は手っ取り早く、自分が購入する銘柄をどれにしようかというところから考えたがります。でも実は、これは間違いなのです。

最初に考えるべきなのは、**「自分のリスク許容度」**です。これは少しややこしいので、次の項でくわしく説明します。次に考えるべきなのは、その自分のリスク許容度に合った運用商品のカテゴリーの組み合わせです。少し専門的な用語でいうと、これを**「アセット・アロケーション」**といいます。日本語に訳すと「資産配分」です。

カテゴリーは、資産の種類といってもいいでしょう。たとえば「日本株式」とか「外国株式」、そして同じ外国でも「先進国」、「新興国」といった分類です。さらに債券も株式同様、地域ごとにカテゴリー分けできますし、最近でいえばREITといわれる不動産投資信託などもカテゴリーの中に含まれます。

なぜカテゴリーの組み合わせ（アセット・アロケーション）を考えることが大切かというと、それぞれのカテゴリーごとに値動きのパターンやその変動幅が異なるからです。

リスクをたくさん取ってもいいということであれば、株式だけの運用でもいいでしょうし、さらに大きなリスクを取りたいということであれば、外国の中でも新興国株式の比率を高めるということになるでしょう。

あまりリスクを取りたくないのであれば、株式の比率を多くせず、債券などを中心にすべきでしょう。さらにリスクを小さくしたいというのであれば、預金などの元本確保型商品といわれるものを中心にすればいいわけです。

アセット・アロケーションが決まったら、各ジャンルの中から具体的な商品を選びます。順序としては、

1. リスク許容度の把握
↓
2. アセット・アロケーションの決定
↓
3. 商品の選択

となりますから、商品を選ぶのは一番最後です。

●アセット・アロケーションが運用成績の9割を決定する

ではなぜ、この順序になるのでしょうか。その理由は、年金のような何十年にもわたる長期の資産運用で運用成績を決める最も大きな要素が、資産配分（アセット・アロケーション）によるものだからです。

資産運用をする時に考えがちなのは、銘柄（何を買えばいいか）とタイミング（いつ売買すればいいのか）と思いがちですが、それよりも資産配分を決めることのほうがずっと重要だといわれています。

アメリカに年金運用を主な業務としている投資顧問会社でブリンソン・パートナーズという会社があります。その代表のG・ブリンソンが1995年に発表したこんな面白い論文があります。1974年から83年まで全米91の年金基金について結果を調査したところ、運用成績を決める要因のうち資産配分（アセット・アロケーション）によるものが何と93・6％を占めていたというのです。

銘柄やタイミングというのは残りの6％強しかなく、実に運用成績の9割以上が資産配分によるものだったということです。

短期の運用であれば、この限りではないかもしれませんが、少なくとも年金のような長期運用においては、資産配分を考えることの重要性がよくわかります。

資産配分が重要であるとすれば、いったいどのような資産配分にすればいいのか、という疑問がわいてきます。本書では、あとで具体的な資産配分例についても紹介していきますが、これらはすべての人にとって最適な配分があるわけではありません。

では、資産配分を決める要素とはいったい何か。
それがこのステップの最初に示したリスク許容度なのです。

まず考えるべきは自分のリスク許容度

●儲けたいけど、損はイヤ

運用成績を決める最も大きな要素が資産配分だということはご説明した通りですが、ベストな資産配分というのはどんなものなのでしょうか。

資産配分を決める要因は**「自分が要求するリターン」**と**「自分が取れるリスク」**の二つからなります。「自分が要求するリターン」とはわかりやすくいえば、**〝どれぐらい儲けたいか〟**ということです。それによって資産配分の中身が変わってきます。

もちろん儲けは多ければ多いほうがいいに決まっていますが、大きな儲けを得たいと思ったらそれなりに大きなリスクを取らなければなりません。俗にいわれる**「ハイリスク・ハイリターン」の原則**です。

〝儲けたいけど損はイヤ〟というのは通用しません。したがって自分がこれぐらいのリターンが欲しいと思った場合は、それに見合うリスクを負わなければならないということです。

ここで一つ大事なことを忘れてはいけません。それはリターンというのはあくまでも不確実なものですから、自分でコントロールすることはできないということです。それに対してリスクはある程度コントロールすることは可能です。

したがって、まずは「これだけ儲けたい」というのもいいのですが、むしろ「これ以上は損をしたくない」、すなわち自分が取れるリスクはどれぐらいだろうか、ということから考えた方が合理的だろうと思います。

極端なことをいえば、価格が変動するリスクは一切取りたくない、すなわちリスクをゼロにしたいのであれば、投資信託等では運用せずに、すべて定期預金などの元本確保型商品で運用すればいいのです。

●リスク許容度はいったい何で決まるか

具体的にリスク許容度、すなわち自分がどれぐらいリスクを取れるだろうかというのは、どうやって決まるものなのでしょうか。

一切の価格変動リスクを取りたくないということであればわかりやすいですが、長期にわたる運用を考えると、ある程度はリスクを取っても成長性があって高いリターンの見込める運用をすることも必要だといえます。なぜなら、長期にわたる運用の場合、将来的にはインフレによる資産価値の下落も起こり得るからです。

問題はそのリスクをどの程度自分で取れるのかということです。

一般的によくいわれるのは、年齢の若い人は大きいリスクを取れるけど、年齢が高くなるにしたがって、リスクは小さくしていくべきだというものです。

私はこの考えが間違っているとは思いませんが、さりとて必ずしも正しいとも思いません。年齢というのはリスク許容度を考える上で要因の一つではありますが、これがすべてではないからです。

リスク許容度を決める要素は二つあると思います。それは**「保有資産の額」**と**「リスク耐性」**です。いうまでもなく保有資産が多ければリスク許容度は高くなります。同じ100万円を投資するのでも、自分が保有するすべての金融資産が200万円であれば、全財産の半分を投資するわけですから、リスクの高い運用になりますし、金融資産を1億円持っていたら、かなり余裕を持って運用できます。

それから二番目の「リスク耐性」ですが、これはどれぐらいの損失に耐えられるかということです。「耐えられる」というのは、精神的、経済的という両面から見た場合です。リスク耐性というのは保有資産とは関係なく、その人の性格によるといっていいでしょう。

資産を何億円も持っている人でも、100万円の損には耐えられないという人もいますし、300万円しか持っていなくて、そのうちの100万円を損しても耐えられるという人もいます。まさに人それぞれ、性格的な意味合いが大きいということです。

若い人はリスクを取ってもいいといいますが、若者はそれほどお金を持っていませんから、リスク許容度はそれほど高くありません。それにリスク耐性も人それぞれなので、若いから積極的に高リスクでの運用をというのは正直疑問です。

唯一、若者がリスクを取れる要因があります。それは、自分が仕事で稼ぐ時間がまだまだたくさんあるということです。

要するに、どれぐらいお金を持っているか、そして自分の性格から考えて「損をした場合の精神的なダメージ」がどの程度なのか、ということが、自分のリスク許容度を決める一般的な基準になるといっていいでしょう。

ここまでお話ししてきたのは、資産運用一般におけるリスク許容度についての話です。大切なことなので、少し時間をかけて説明しました。

ところが、ＤＣの場合は、リスク許容度についての考え方はやや異なります。では、具体的にどう違うのか。そしてＤＣの場合のリスク許容度とそれにともなう資産配分をどう考えればいいのでしょうか。

DCにおけるリスク許容度はどうやって把握すべきか

ＤＣにおけるリスク許容度を考える場合、通常の資産運用におけるリスク許容度と決定的に違う要因が一つあります。それは、ＤＣが「60歳までは現金として引き出すことができない」ということです。この違いは結構大きいのです。

通常の資産運用に際しては、不意の出費があった場合のことを勘案し、「換金性」と「安全性」、そして「成長性」の三つをバランスよく考えて資産配分しておくことが大切だといわれています。ところがＤＣの場合は60歳までは引き出せませんから、「換金性」がまったくありません。すなわち不意の出費には使えないということです。

しかも、運用する期間が長いという特徴を持っています。だとすれば、普通の資産運用よりは少し成長性に重点を置いた運用にしたほうがいいということになります。つまりややリスクを高めにしても、長期に成長が見込めるような運用方法を考えるべきだということです。

こうしたことを前提として、次にリスクをコントロールするための最大の手段である分散投資についてお話をしていきたいと思います。

資産配分の実際

●DCだけで分散投資をしても無意味

リスクを低減するためには、分散投資をおこなうべきだということはよくいわれます。それはその通りです。リスクコントロールのために、分散投資が有効であることは間違いないといえるでしょう。

ただ、分散投資を本当に有効にするためにはDCの資産だけで分散投資をしても意味がありません。なぜならDCの資産というのは、多くの人にとっては自分の財産の一部にしか過ぎないからです。分散投資が本当に意味を持つためには、自分の持っている資産全体で考えることが重要です。

自分のリスク許容度を知ることが大切といいましたが、これはいうまでもなく自分の資産全体に関することです。DC単体で考えてもあまり意味はありません。

●自分が持っている金融資産をまず考える

まずは、自分がDC以外に持っている金融資産にはどんなものがあり、そのバランスがどうなっているのかを考えるところから始めましょう。

三つのパターンを考えてみます。

【パターン1】

金融資産はほとんどが預貯金。投信や株式などは、ほとんど持っていない

【パターン2】

株式や投信などの割合が3〜5割ぐらいで残りが預貯金

【パターン3】

生活に必要なわずかな資金だけが預貯金で残りの大半は株式や投信など

パターン1とパターン3はやや極端な場合ですが、説明をわかりやすくするために例として挙げてみました。

でも実をいうとパターン1の方は、意外と世の中には多いようです。日本銀行の「資金循環統計」(2015年12月末)を見ると、個人金融資産1741兆円のうち、現金・預金の比率は902兆円と半分以上を占めています。こうした状況を考えると株や投信はまったく、あるいはほとんど持っていない人が最も多いかもしれません。

もしあなたがこのパターンで、**リスク許容度がまったくない**としたらDCの運用も**全額定期預金などの元本確保型**にすればいいと思います。それがいいかどうかではなく、運用ポリシーの問題ですから、そういう選択肢もあります。

多少のリスク許容度があるようなら、DCでの運用は預金ではなく投資信託を中心に考えるべきでしょう。ここで一つ考えておくべきなのは、60歳到達時点でのおおよその金融資産の額とその中に占めるDC資産の割合です。

もし、その割合が5割以下であれば、DCでは預金などは利用せず、すべて投資信託での運用を考えたほうがいいと思います。なぜなら、極端にリスク回避性向が強くなければ、個人的には金融資産全体に占めるリスク資産の割合は3～5割程度はあってもいいと思うからです。

次にパターン2の場合です。これは、その人のリスク許容度というか、リスク選好度によって変わってくるので人それぞれでしょう。ただ、本来はDC制度を利用してリスク資産に投資をするほうが税金を考えると有利なので、DCではできるだけリスク資産を活用したほうがいいと思います。

パターン3という人はほとんどいないと思いますが、もしいらっしゃるのであればDCを全部定期預金にしてもかまいません。ただ、ここでもパターン2同様、DC制度はリスク資産で活用し、DC以外で預貯金を使うほうがいいので、入れ替えを行うことも検討していいでしょう。

これ以外にもパターンはあると思いますが、あまり厳密に考える必要はありません。DCにおける資産配分の原理原則としては、

1. まったくリスクを取りたくないのであれば、すべて元本確保型商品でもかまわない
2. ある程度リスクを取れるのであればリスク資産の割合を自分のリスク許容度に合わせて決めればよい
3. ただし、その場合はDC制度でリスク資産を活用することを優先する

といったことだろうと思います。

「まったくリスクを取りたくない人は、元本確保型商品でもかまわない」といいましたが、ここでいうリスクは「価格変動リスク」のことです。インフレによる資産価値の目減りについてはまた別の話です。

インフレだから定期預金は全面的にダメ、というつもりはありません。ただし、少

なくとも価格変動のリスクだけではなく、年金のような長期の運用の場合はインフレによるリスクも考慮したうえで預金と投資信託などの有価証券の保有比率は考えておくべきでしょう。

人的資本ということの大切さ

分散投資ということを考えると、もう一つの重要な観点があります。それは**人的資本**（Human Capital）と**金融資本**（Financial Capital）という概念です。

人的資本というのは働いて得る収益を生み出す価値の源泉のことです。金融資本は資産運用によって収益を生み出す価値の源泉のことをいいます。

たとえば20歳から60歳まで40年間働いたとすると、その間に得られるトータルな報酬というものがあります。現在20歳の人は、向こう40年間で働いて得られる収入を現在価値に換算したものと同じ資産を持っているのだという考え方が人的資本です。

これが大変重要なのは、資産運用で得られる収益よりも働いて得る収入の方が比べものにならないくらい大きいのがふつうだからです。しかも運用による収益というのは不確実です。収益どころか損失になることだってあります。
これに対して勤労収入は、昇給や雇用の面で不確実性はあるものの、運用収益に比べればはるかに安定しています。だとすれば、人的資本が生み出す収益は間違いなく人生における大きな柱だといえます。

ここで一つ重要なことがあります。おそらく人生において、収入の大半を占めることになるであろう人的資本からの収入、つまり**給料はすべて日本円で支払われます**。だとすれば、金融資本の中身まで全部日本円にしてしまっていいのでしょうか。
国際分散投資という観点からすれば、自分の資産の中で一定割合の外国資産を持つことは必要だということはよくいわれます。しかし多くの場合、それらは金融資産の中でのバランスのみを考えているといってもいいでしょう。

図10をご覧ください。仮に金融資本と人的資本の比率が30%：70%だとします。「自分は国際分散投資を実践しているから海外資産に30%投資している」という人がいたとしてもトータルな資産の中の比率でいうと30%×30%で、実質9%しか投資してい

図10 人的資本を含めた国際分散投資

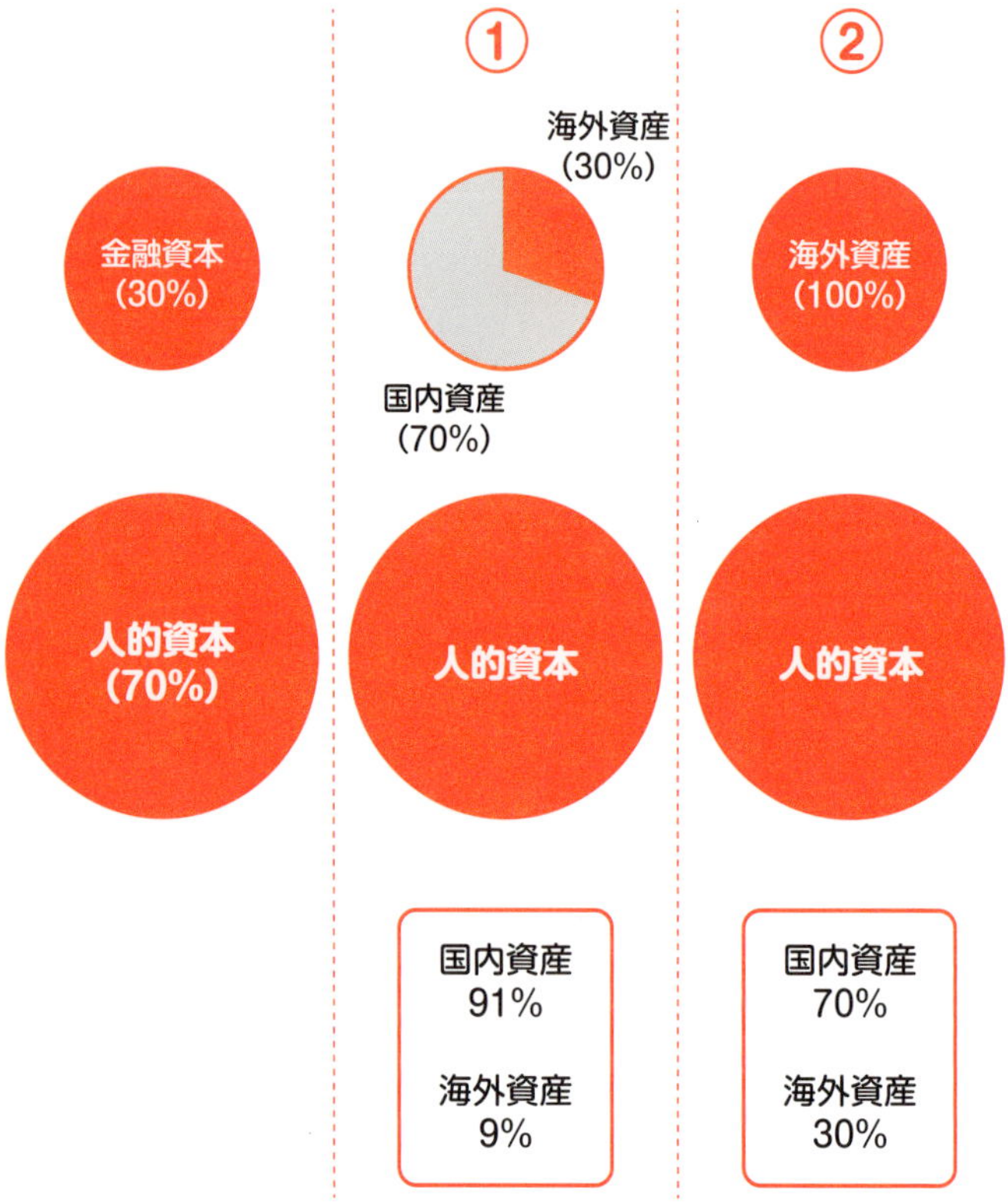

ないことになります。（①の状態）

仮に金融資産を全部海外資産で運用したとして、ようやく全体としては海外資産の比率が30％になるのです。（②の状態）

これら人的資本と金融資本に加えて固定資本である不動産もあります（マイホームなど）。したがって、普通に考えるよりも少し多めに外国株式や外国債券に投資をしてもいいといえるかもしれません。

ＤＣの資産は全体でいえばそれほど大きなウェイトではありませんから、すべて外国株式や外国債券に投資するというのも決して極端な選択とはいえないと思います。

●3分で決まる資産配分

日本人に限らず、どこの国の人でも「ホームカントリー・バイアス」という感情があります。自国の資産を多めに持つ傾向のことです。これはある程度やむを得ないだろうと思います。ただ、多少なりともリスク資産を持とうという意思があるのなら、一定割合の外国資産は持ったほうがいいでしょう。

方法は実に簡単でシンプルです。世界の市場の時価総額の割合で、日本株式、先進国株式、そして新興国株式の比率で配分すればいいのです。これはすなわち、毎月の掛金で世界全体に投資しているというのと同じことになります。

インターネットで「世界の株式市場 時価総額比率」と検索すればデータを見ることができますから、その比率を出すのは簡単です。一例を挙げると図11のようになります。

DCで提供されている運用商品の中から先進国株式、新興国株式、そして日本株式の入っているものを探して、その商品を選べばいいだけです。ほんの3分もあれば資産配分は決まるでしょう。

これが唯一の正解というわけではありませんから、この章の最後で実際の配分モデルを考えてみます。

ご参考までに、私のDCの資産配分についてお話ししておきます。私はすでに60歳を超えているので、掛金は出せませんが、60歳まで積み立てた分は引き出さずにそのまま置いてあります。

図11 世界の株式市場　時価総額比率

地域別シェア(%)

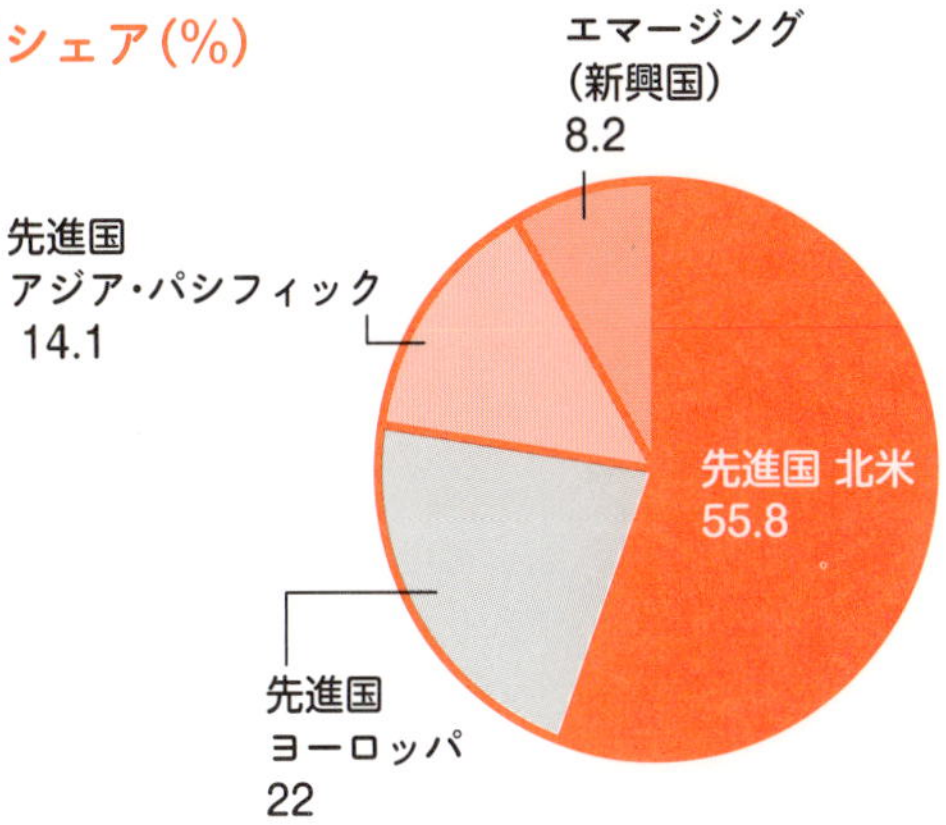

国別シェア(%)

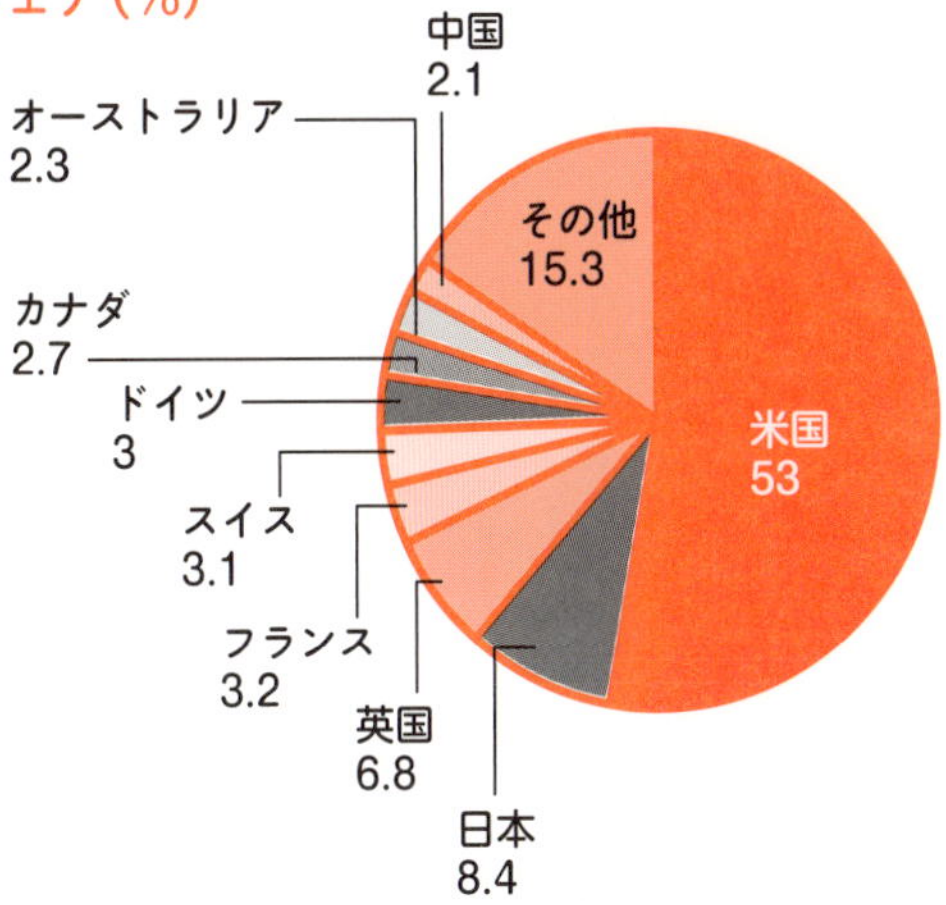

※2016年2月現在
出所:私のインデックスサイトより(http://myindex.jp/global_per.php)

私が運用している商品はズバリ、「新興国株式投資信託」1本です。DCでは決して分散投資をしているわけではありません。

新興国の株式というのはかなりリスクの高いものですから、それでいいのか？　といわれそうですが、私の場合は年齢的にDCに加入していた年数が少ないため、DCの資産自体が少ない金額しかありません。

したがって私の持っている資産全体からすれば、このぐらいの金額は新興国に投資していてもいい、という判断で新興国株式投信を保有しています。

DCの中だけの分散投資にこだわる必要はなく、自分の資産全体で考えていくべきだということを理解しておいてください。

リスクを高めずにリターンを高める方法

●怪しげな話

リスクを高めずにリターンを高める方法などと聞くと、何かいかがわしい投資話のように思われるかもしれません。実際、リスクとリターンはトレードオフですから、リスクを多めに取ることなく、リターンが高まるということはあり得ないはずです。

それはまったくその通りなのですが、市場原理とはまた別の次元で「制度」というシロモノがあります。たとえば、ある投資信託をAという金融機関で買うと税金が20%かかるけれど、同じ商品を別のBという金融機関で買えば、まったく税金がかからない。もし、こんな変な制度があったらどうでしょう。

おそらく誰もがBで買おうということになるはずです。金融機関によって違うというこんな取り決めがされるようなことは常識的に考えてあり得ませんが、DCはまさに税制の面では特別扱いを受けている制度です。

この制度をうまく使うことで、実際にリスクを高めずにリターンを高める方法があるのです。そしてこれこそがDCの最も効果的な利用方法だといえるのです。

●アセット・ロケーション?

アセット・ロケーションという言葉があります。おや? どこかで聞いたことがあるような……。そうです、87ページで出てきた言葉に「アセット・アロケーション」というのがありました。

よく似ていますが、「アセット・ロケーション」と「アセット・アロケーション」、すなわち〝ア〟が一つ余分に付いているかどうかだけの違いです。

アセット・アロケーションというのは、資産配分のことを指します。具体的には、もしお金が100万円あれば、そのうちの30万円を日本の株式に、50万円を預金に、そして残りの20万円を国債に投資する、といった具合にどういうカテゴリーの金融商品

図12 アセット・ロケーションでこんなに結果に違いが出る

	定期預金(0.1%)	投資信託(3%)	税引後の全体収益
投信を課税口座 預金を非課税口座	0.1%	2.4%	1.25%
預金を課税口座 投信を非課税口座	0.08%	3%	1.54%

にお金を配分するか、ということです。

これに対してアセット・ロケーションというのは、もしお金が100万円あれば、どの制度を使って運用するかということを意味します。具体的には50万円をDCで運用し、残りの50万円は一般口座で運用するといった方法のことをいいます。

アセット・ロケーションを変えることでどんな変化が起きるかを見てみましょう。ごく単純化して説明します。図12をご覧ください。

置き場所を変えるだけでリターンが変わる不思議

先ほどの例で説明するとして、まずここに100万円のお金があったとします。このお金の配分を定期預金に50万円、株式投資信託に50万円と分けます。問題はここからです。

仮に50万円まで非課税の扱いができる口座があるとします。もしここで定期預金を非課税とし、株式投信を課税で運用すればリターンはどうなるでしょう。ここでは前提を統一するため、定期預金の金利が年利0・1％、株式投信の1年間のリターンが3％だったとします。

この場合、定期預金の利息は非課税ですから0・1％はそのままです。一方、3％のリターンがあった株式投信はそこから20％の税金を引かれますから3％×0・8＝2・4％。すなわちこれが株式投信の手取り利回りということになります。

50万円ずつという同じ金額で運用していますから単純に両方の利回りを合計すればトータルのリターンが何％ぐらいになるかわかります。この場合は（0・1％＋2・4％）÷2＝1・25％がリターンです。

今度は逆に定期預金を課税とし、株式投信を非課税とします。定期預金の0・1％はそこから20％の税金を引かれますから手取りは0・1％×0・8＝0・08％です。一方株式投信は非課税ですから3％のリターンがまるまる受け取れます。この場合は（0・08％＋3％）÷2＝1・54％がトータルのリターンということになります。

2・5％と3・08％。明らかに後者の方、すなわち定期預金を課税にし、株式投信を非課税にしたほうが、リターンはアップしています。しかも資産の構成割合を変えたわけではありませんから、リスクはどちらも同じです。

同じ資産でもその置き場所を変える（アセット・ロケーション）だけで、結果に違いが出てくるということがおわかりいただけたかと思います。

●DCは期待リターンの高いもので運用する

課税と非課税という制度上の違いから、どの口座を使ってどの資産を運用するかによって結果に差が出てきますが、ここでいう非課税がDC口座での運用です。

結論をいえば、DC口座での運用はできるだけ期待リターンの高いもの（＝高い収益率が見込めると想定されるもの）で運用するのが正解ということになります。

こういうと、おそらく反論も出てくるでしょう。

「確かにその通りかもしれないけど、期待リターンの高いものはそれだけリスクも高いはずだ。したがって、損が大きくなる可能性だってあるわけだから、成果が確実な定期預金を非課税にすべきだ」

この意見は、一見その通りのようですが、これはリスク許容度のことをいっています。「期待リターンが高いものは、リスクも高い」ということは事実ですから、そういうリスクをいっさい取りたくないのであれば、課税、非課税を問わずリスク資産での運用は控えるべきでしょう。

一定割合をリスク資産で運用するのであれば、それはまず非課税の使える資産で運用していくべきだと思います。それに定期預金の金利が3％とか4％といった水準であれば、非課税にするメリットはありますが、今のような0・01％といった水準ならば、課税と非課税の差はそれほど大きくはありません。

家電量販店で、店内全品30％ＯＦＦという時に乾電池を1個だけ買ってくる人はまれでしょう。そういう時こそ、普段買いたかった高額商品を買うというのが普通の人の行動のはずです。

資産運用も同様で、税メリットのあるものは期待リターンの高いもので運用すべきというのが大原則だろうと思います。

ＤＣではどんな商品で運用するのか

●ざっくり分けるとどうなるか

ここからはＤＣにおける実際の運用商品、その種類や特徴、注意すべき点をご説明していきます。

先ほど、運用の手順はまず、自分のリスク許容度に合わせてアセット・アロケーションを考えることから始まるということをいいました。アセット・アロケーションとは、各カテゴリーの資産をどうやって組み合わせるかということです。

そこで、まずはどんなカテゴリーがあって、それぞれのカテゴリーにはどんな特徴があるか、ということからお話ししていきます。

はじめに、DCの運用商品のカテゴリーは大きく二つに分けることができます。

それはとてもシンプルで、

・元本保証のあるもの
・元本保証のないもの

の2種類です。

「元本保証のあるもの」ですが、これも「定期預金」と「保険」の二つに分けられます。「定期預金」は一定期間、銀行にお金を預けることであらかじめ決まった利息がもらえ、満期が来れば元本が戻ってくるというシンプルな商品ですから、あらためてくわしく説明する必要はないでしょう。

「保険」についていえば、DCにおける保険はみなさんが加入している保険とは少し違います。「保障」に重点を置いた商品性ではなく、「貯蓄」に重点を置いた商品性だと理解しておいてください。具体的には、生保会社が提供する「利率保証型積立生命保険」（GIC）、および損保会社が提供する「積立傷害保険」などがDCにおける保険商品です。

次に「元本保障のないもの」ですが、これはDCにおいては投資信託です。投資信託とはいったいどういうものか、その特徴は以下のようなものです。

1. 複数の人からお金を集めて、一つにまとめる（共同投資）
2. そのお金を株式や債券など複数の有価証券に投資する（分散投資）
3. 投資の意思決定については、運用の専門家に委託する（専門家運用）

キーワードとして表すと、「共同投資」、「分散投資」、「専門家運用」ということです。

株式や債券などの有価証券は、企業の成長性や高い利息収入に期待して投資をするものですが、問題がいくつかあります。

それは次のようなものですが、それぞれの問題を解決するために生まれたのが「投資信託」というわけです。

1. まとまったお金がないと投資できない→小口のお金を集めて共同投資
2. リスクを抑えるため複数の企業に分散投資するためには多額のお金が必要→集めたお金で多くの企業に分散投資
3. そもそも、どの企業に投資をしたらいいのかわからない→専門家に運用を委ねる

現在、日本で一般に販売されている投資信託は4000種類を超えるといわれています。DCの場合はもちろんそんなに多くはないのですが、それでも色々な種類の投

図13 投資信託 4つの基本カテゴリー

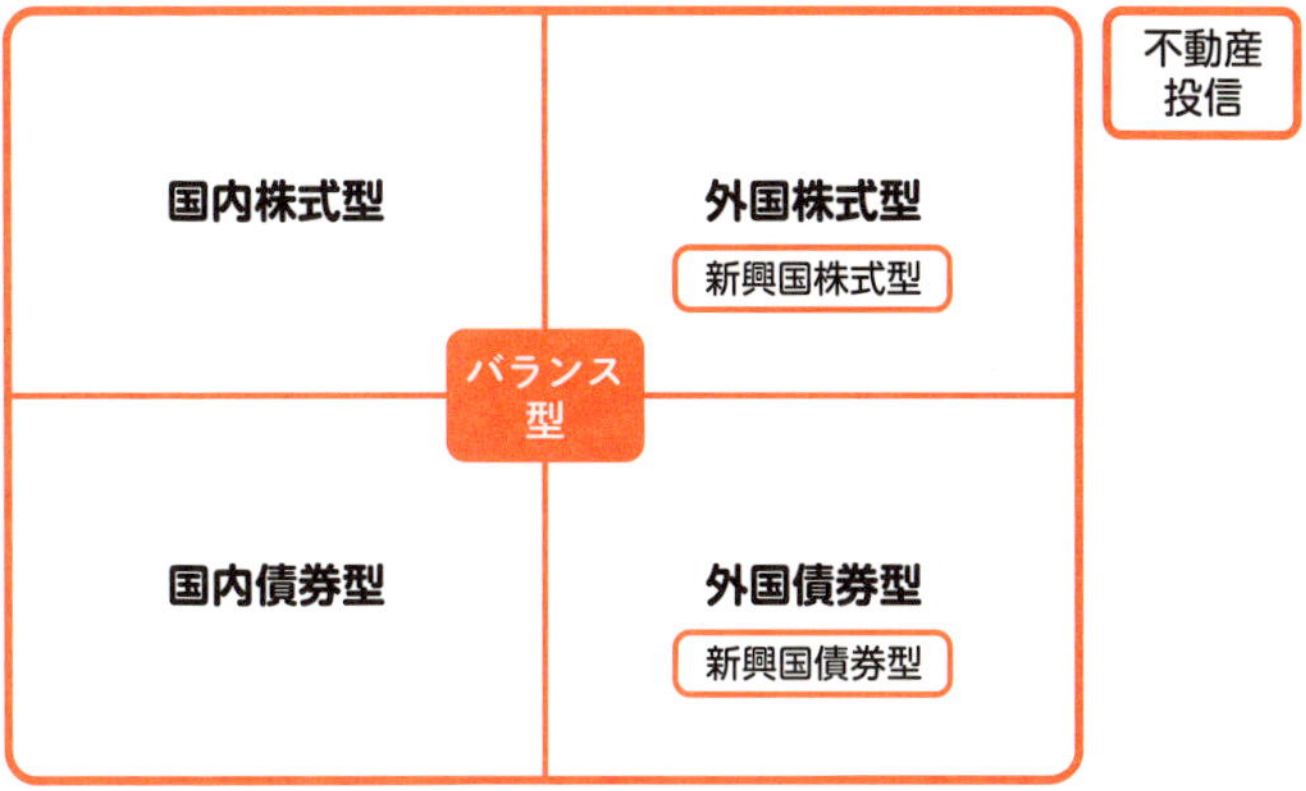

資信託がありますので、それらをできるだけシンプルに分類して説明します。

●投資信託の種類と特徴

投資信託を分類すると、大きく分けて「どんな種類の有価証券に投資するか」、と「どこの市場に投資するか」の二つになります。具体的には**図13**にあるように株式に投資するか債券に投資するか、そして日本国内に投資するか海外に投資するか、という四分類になります。

したがって、これらを組み合わせると国内株式型、国内債券型、外国株式型、そして外国債券型の4タイプができることになります。これらが基本カテゴリーです。ほとんどの企業では、この四つのカテゴリーの投資信託がそろっているはずです。

この四つの基本カテゴリーに加えて、まったく別のジャンルとして「ＲＥＩＴ」という不動産投信があります。不動産投信というのは投資信託の形をとって不動産物件に投資をし、そこから生まれる賃料収入や売却益を利益として計上していくタイプのものです。

また、これらの４タイプのうち、外国株式型はほとんどが先進国の株式を投資対象としたものなので、これらとは別に「新興国」の株式や債券に投資するタイプのものが増えてきました。

分散投資というのは、値動きの異なるものに投資することで効果が出るといわれています。ＲＥＩＴや新興国は既存の四つのタイプのものと必ずしも連動して動くわけではないことから、一定の分散投資効果が得られると考えられます。

さらに最近では原油価格の指数など、コモディティに投資するタイプのものもあります。これらはある程度分散効果が見込まれるものの、価格変動が比較的大きいことには注意が必要です。

投資信託──カテゴリーごとの特徴

●四つの基本的なカテゴリー

多くの人にとって、投資信託というのはまだ購入した経験がないと思います。そこで、投資信託のカテゴリー別にその具体的な内容と特徴をもう少しくわしく説明していきます。

・「国内株式型投資信託」

日本の株式に投資をするタイプ。各カテゴリーの中では最もなじみのあるジャンルでしょう。NHKのニュースでも「本日の日経平均株価は……」と報道されています。

分散投資を考える場合、このカテゴリーをまったく無視するというわけにはいきません。

世界全体で見ても、日本の市場規模は10％弱程度のシェアがありますので、やはり一定割合を配分しておく必要があります。

・「国内債券型投資信託」

主に日本の国債を中心とした債券に投資する投資信託です。償還（満期）まで持てば、元本と一定の利息は戻ってくるのが債券ですが、中途では価格の変動がありますので、このタイプの投資信託も当然値動きがあります。

一般的には金利が今後上昇した場合、価格は下落しますし、金利が下がれば、価格は上昇する傾向となります。マイナス金利という状況から見ると、値上がりが続くとは考えにくいでしょう。

・「外国株式型投資信託」

文字通り、外国株式に投資する投資信託ですが、このカテゴリーでの外国株式型投資信託はそのほとんどが先進国に投資するタイプのものです。比率としては米国が一番多く約半分強、その次が欧州諸国です。

外国株式型に投資する際、留意しないといけないのは為替相場の動きです。中には為替の動きに影響を受けないよう、為替ヘッジといって為替の損益が発生しないように調整している投資信託もありますが、その場合一定のコストがかかるため、運用成績にはあまりいい影響は与えません。

・「外国債券型投資信託」

これも基本的なしくみは、国内債券型投資信託と同様ですが、やはり為替の影響を強く受けます。一般的な外国債券型は、中身の構成は40％程度が米国で、外国株式型に比べるとやや欧州の比率が高いのが特徴です。

今後の市場の動向がどうなるかは誰もわかりませんが、短期的な上げ下げのタイミングのみを狙うのではありませんから、分散投資を考えた場合にはやはり必要なカテゴリーであろうと思います。

●その他のカテゴリー

・「新興国株式型、新興国債券型投資信託」

同じ外国型投資信託でも、これらは中国、インド、ロシア、ブラジルといった新興国の株式や債券を組み入れているのが特徴です。これらの動きは必ずしも先進国と連動するわけではありませんので、組み合わせて分散投資しておくことによって一定のリスク分散とリターン向上の効果が得られると考えられるわけです。

ただし、これらの新興国は市場の規模がまだ先進国に比べると非常に小さいという特徴があります。それだけに上がる時も大きいかわり、下がる時も大きく下げるといった傾向が見られます。

・「不動産投資信託」

これは投資対象が株式や債券ではなく、不動産であるのが特徴で、それも単に不動産価格の値上がりのみを狙うものではなく、賃料収入などを中心として得られる収益を主な収益源とするタイプの投資信託です。

不動産市況は景気の影響を受けるわけですから、そういう意味では株式市場と同じともいえますが、そこにはタイムラグがあったり、株式市場でも当然業種的なバラツキもあったりしますので、必ずしも不動産市況と株式市場が同じ動きをするとは限りません。

不動産投信にも投資することで一定の分散投資効果が期待できると考えられます。

この他に、短期的に資金をプールしておくためのMMF（マネーマネージメントファンド）や同じMMFでもドルやユーロなどの外貨建てMMFといった商品もあり、特に外貨建てMMFは外貨預金的な意味合いで通貨分散をするにはいい商品です。

これらの商品はとても便利なのですが、2016年2月に始まったマイナス金利政策の影響で一部の商品に購入停止などの措置が取られています。今のところDCの商品には影響がないようですが、今後はどうなるかわかりませんし、利用できる金融機関も一部に限られますので、今回はあまり積極的に取り上げません。

●バランス型

ここまでは投資信託を個別のカテゴリーごとに説明してきましたが、ここから説明する「バランス型投資信託」というのは、少しニュアンスが違うものです。場合によっては使い勝手がいいこともありますので、紹介しておきます。

投資信託というのは複数の株式や債券といった有価証券に分散投資をするしくみになっています。ということは、いい換えるとたくさんの株式や債券がパッケージになったものと考えればよいでしょう。

「バランス型投資信託」というのは、どういうものかというと、複数の投資信託を組み合わせて、一つのパッケージにするというしくみです。いわば、「投資信託」の投資信託なのです。ですからバランス型投資信託のことを「ファンドオブファンズ」ともいいます。

バランス型投資信託のメリットとしては、自分で配分比率を考えなくても、あらかじめ一定の比率で配分し、将来的にそれぞれ組み入れている資産の価格が上昇したり、下落したりしてもその調整までやってくれるということです。

したがって、お手軽に分散投資ができるということでしょう。一方でデメリットとしては、レディーメイドですから、必ずしも自分に合った配分比率とは限らないこと、そしてどちらかといえば手数料が割高になる傾向がある、などがいえるでしょう。

さらに、バランス型のバリエーションの中には、「ターゲットイヤー型」、「ターゲットデート型」といわれるタイプの投資信託もあります。

これは、通常のバランス型が一定の割合で決めた配分比率を維持し続けるのに対して、年齢とともに配分の比率を変えていくというスタイルのものです。

具体的にいえば、年齢が上がるにしたがって、株式投信の比率を減らしていくということを自動的にやってくれます。アメリカなどではこのタイプが増えてきているということですが、私はこのタイプには問題点も多いと感じています。

次で、そのあたりをくわしく説明します。

商品を選ぶにあたって注意すべきこと①
――元本の安全性が高い商品

●意外に知られていないこと

商品を選ぶにあたって、各カテゴリーの基本的な内容については、ご説明をしてきました。ここでは、それらを選ぶにあたって注意すべき点についてお話をしたいと思います。

とても重要なことですが、多くの場合、金融機関はこの説明をあまりしてくれません。それは別に悪意があるということではなく、確定拠出年金法では、事業主や運営管理機関が加入者に対して、特定の商品を買うようにすすめたり、逆に買わないようにすすめたりすることが禁止されているからです。金融機関側は、それを過剰反応気味に解釈する傾向があります。

ですから、すでにＤＣに加入している人でも、意外と知らないことが多いことはたくさんあります。ここでは、実際に商品を選ぶ場合に注意しておくべきこと、知っておいたほうがいいことについてお伝えをしたいと思います。

元本保証なのに元本割れすることがある

DCにおいて「元本確保型商品」といわれるものには、預金と保険があります。このうち預金はいつ解約しても元本を割ることはありません(予定している利息の額は下回ります)。ところが保険商品の中には、満期を迎える前に中途で解約すると元本を割るものがあるのです。

なぜそうなるのかというと、保険を解約した場合、「解約控除」という金額が積立額の中から引かれることがありますが、その解約控除額がそれまでの利息相当分を上回ると元本を下回ることになるからです。

解約控除というのは保険の解約返戻金を計算するときに、契約者の持ち分である保険料積立金から差し引かれる額のことです。ただし、この解約控除は、年金の給付を受けるために解約する場合や資産を移換する時に解約する場合にはかかりません。

さらに解約控除がかかったとしても、保険会社によっては元本を下回らない範囲内で差し引かれることもあります。

私の個人的な意見としては、DCで保険商品を購入するのはあまりおすすめしません。DCという非課税の恩典がフルに利用できる制度では、できるだけ期待リターンの高いもので運用すべきですから、保険商品というのは選択肢としては適当ではないと考えるからです。

ただ、投資信託のようなリスク商品では運用したくないという方もいるでしょうから、その場合は預金にすればいいと思います。現在のような低金利下において、預金性のもので運用するのであればできるだけ期間の短いものが適切ですので、期間が5年とか10年という保険はやめておいたほうが賢明でしょう。

定期預金で知っておくべきこと

定期預金で知っておくべきことは二つあります。まず一つ目は、万が一預けている金融機関が破たんした場合です。預金の場合はペイオフが実行されますので、一定の元本（1千万円）とその利息までは預金保険機構によって保護されますが、それを上回る部分はどうなるかわかりません。

また、保護される場合の1千万円はDCの定期預金と一般の定期預金との合計です。そして同じ銀行に一般とDCという異なる2種類の預金がある場合、保護される優先順位は一般の預金のほうが高く、DCの預金は順位が劣後します。

DC制度で採用されているような銀行が破たんするということはまずありえないとは思いますが、万全を期すということであれば、一つの銀行に1千万円以上は預けないほうが賢明ですから、現在多額の定期預金を預けている銀行であればDCと合わせて1千万円を超えないようにすればいいと思います。

結論として、DCでもし定期預金を利用するのであれば、できるだけ満期の短いものにするのが賢明です。現在のように低金利で将来金利が上がる可能性があれば、短い期間の定期を乗り換えしていったほうがいいからです。

最後に、こうした定期預金のデメリットをカバーする商品としてMMFとMRF（マネーリザーブファンド）をご紹介しておきます。

●待機資金用商品として優れているもの

私はＤＣにおいてはＭＭＦやＭＲＦという商品は優れていると思っています。預金と違って元本の保証はありませんが、安全性は非常に高い商品です。しかも満期がなく、市場の金利に連動して分配率が変わります。今のように、低金利で将来金利が上がるかもしれない時には、こういうタイプの変動金利型の方が有利です。

さらに満期がないということに加えて解約手数料もかかりませんので、市場が過熱気味になって株式型投資信託を売却し、一時お金を待機させておきたいという時には定期預金よりも使い勝手がいいと思います。

残念なことに２０１６年2月より始まったマイナス金利政策の影響でＭＭＦについては新規の買い付けを停止しているところが多くなってきました。私がこれを書いている２０１６年3月時点ではＤＣにおけるＭＭＦの買い付けを停止しているケースはありませんが、今後どのような展開になるかは不透明です。

ただ、マイナス金利というのはやはり異常な事態ですので、これが今後、恒常化するとは思えません。ＤＣにおける安全性の高い商品としてＭＭＦやＭＲＦは引き続き活用できる場合は活かしていったほうがいいと思います。

商品を選ぶにあたって注意すべきこと②——投資信託について

●スパイスだけで食事をしないこと!

第3章では、投資信託の中でもいろんな種類があるということをお伝えしてきました。

既存の伝統的な資産である四つの資産(国内株式、外国株式、国内債券、外国債券)のみに分散投資するのでは不十分で、既存のジャンルとはあまり相関関係のない新興国やコモディティに投資することで、さらに分散効果が見込めるし、場合によっては大幅な収益を得られる可能性もあることから、こうしたジャンルの投信をラインナップに加える金融機関も増えてきています。

こうしたカテゴリーのファンドへも分散投資する際に、注意しておかなければならないことがあります。それは過度に集中し過ぎないようにすることです。新興国やコモディティに投資するファンドの特徴としては、価格の変動が大きいということがあります。新興国の場合は、市場の規模が大きくありませんし、コモディティの場合は実需に加えて、いわゆる投機筋といわれるところからの資金流出入が多いからです。

したがって、これらのジャンルのファンドは料理でいえばスパイスのようなものです。少量加えることによって味は引き立ちますが、スパイスだけ食べてしまうと、場合によってはお腹をこわしかねません。

特に企業型ＤＣの場合は、制度が職域の中で浸透していく性質を持っていますから、職場の中に「投資の達人」みたいな人がいて、その人が仮に「これからは新興国への投資がいいんだよ」みたいなことをいうと、みんながそれに乗ってしまうということが起こりかねません（私はこういった現象を〝職域バイアス〟と名付けています）。

●完全お任せ型投信、それで本当にいいの？

前述したように、さまざまなジャンルの投資信託を一定の割合で自動的に組み合わせてくれるバランス型というパターンのファンドがあります。このタイプは多くの場合、「積極型」、「安全型」、「中間型」といった3パターンぐらいの組み合わせになっていて、その中からリスク許容度に合わせて自分に合ったものを選ぶというタイプです。

価格変動によってその組み合わせ比率に大きな変化が起こった場合は、自動的に売買をおこなって当初の配分比率を維持することから**スタティックアロケーション型**（静的資産配分型）とも呼ばれています。

これに対して、最近、増加傾向にあるのが**ターゲットイヤー型**といわれるタイプのバランスファンドです。こちらは自分の退職時期の前後に合わせて期間が20年、30年、40年といったパターンに設定されており、その中から自分に合うタイプを選ぶというものです。

このターゲットイヤー型の特徴は自分の年齢が変化していくにしたがって資産配分の内容を自動的に調整していってくれるということです。たとえば若い時には株式投信の比率を高くし、年齢と共に安定型に変えていくといった方法です。

これは一見するととても便利で親切なように思えます。ただ、この章の93ページでも説明したようにその人が取れるリスクの許容度というものは必ずしも年齢だけで決められるものではありません。

株式市場が長期にわたって低迷している時期に、年齢が若いからという理由だけで株式の比率の高い運用をし、その後、長い低迷を過ぎてようやく株式市場が本格的に上昇を始めると、今度は年齢が高くなったので株式運用の比率を減らすというのは、合理的ではありません。

さらに、運用会社が年齢に配慮して自動的に配分の調整をしてくれる分だけ、手数料が高くなっている傾向があります。

金融機関にとっては完全お任せで、長期間にわたって預けてもらえるのでメリットは大きいでしょうし、「これに入れておけば安心」みたいに説明されるかもしれませんが、じっくりと考えたほうがいいでしょう。個人的にはあまりおすすめしません。

パッシブとアクティブ、どちらを選ぶべきか？

投資信託の運用手法として「パッシブ型」と「アクティブ型」という二つのタイプがあります。パッシブ型というのは指数、たとえば株式でいえば日本のTOPIXとか米国のS&P500のような指数に連動することを目指すタイプの投資信託です。

一方、アクティブ型というのは指数への連動を目指すのではなく、それを上回る運用成績を挙げることを目指すものです。もちろん、指数を下回ることもあります。というよりも一般的にはアクティブ型で指数を上回る投資信託のほうがずっと少数派です。

この二つのタイプの投資信託は、企業型でも個人型でも、多くのプランで両方入っています。どちらのほうがいいのか、というのはなかなか決着のつかない論争ですが、事実だけを冷静に考えてみると、以下のようなことがわかります。

1．アクティブ型よりもパッシブ型の方が信託報酬は安い。

2. 指数を上回る（ということはパッシブ型を上回る）アクティブ型投信は一定数存在していることは事実だが、今後も上回り続けるかどうかは事前にはわからない。

この二つは厳然たる事実です。「リターンは不確実だが、コストは確実にリターンにマイナスに作用する」こともまた事実ですし、DCのように何十年もの長期にわたって運用を続けるということであればコストの差というものがきわめて大きいものであるということは前に示した例でも明らかです。

であるとすれば、結論としてはパッシブ型で信託報酬の安いファンドを選ぶほうが、成功する確率は高いといっていいでしょう。どちらかをということであれば、DCの運用ではパッシブ型を選ぶことをおすすめします。

もちろん絶対というわけではありません。運用哲学や理念に共感し、かつ十分な実績を持っているファンドについて、その運用を信じて委ねるという選択肢もあります。要は運用にあたって、自分が判断基準とすべきものがいったい何かということが明確になっていればそれでいいと思います。

これを間違えてはいけない

DCは毎月の少額投資、でも…

ＤＣは毎月の掛金を少しずつ積み立て投資していくしくみですから、一度にまとめて投資をする「普通の投資」とはやや異なります。今までお話ししてきたことも、そういう投資手法を前提としてお話をしてきました。

ここで一つ注意しておかなければならないことがあります。それはＤＣでも、場合によってはまとまった金額を一度に投資しなければならないケースがあるということです。

ケースとしては、二つのパターンが考えられます。まず一つ目のケースは企業型ＤＣの場合のみに起こりうるケースで、「過去分の移換」といわれるケースです。

企業が企業型ＤＣを導入する場合に、そのパターンは大きく分けて二つあります。一つはまったく新規に導入する場合、そしてもう一つは既存の企業年金制度の一部または全部を廃止してその分をＤＣへ移す場合です。

前者の場合はこれから新たにスタートする場合ですから、まとめて投資するということはありません。問題は後者の場合です。既存の企業年金があるというのは、それまでに会社によって積み立てられてきた年金資産があるということです。

この年金資産は加入者（社員）全体の資産として積み立て、管理されてきたものですが、ＤＣに移すということになると一人ひとりの金額を計算し、その一人ずつのお金を新しくスタートする個人別のＤＣ口座へ移し替えるということになります。

具体的にいえば、それまでに積み立てられてきた自分の分の年金資産が仮に５００万円あるとすれば、その金額がＤＣ口座へ移されることになります。すなわち、その時点でいきなりその５００万円という金額で何かの金融商品を購入しなければならないという事態が起こってくるということです。

通常、毎月のＤＣの掛金は数万円か、数千円ということもありますから、割りと気楽に考えている人が多いですが、急にまとまったお金が登場し、それをいきなり「運用しなさい」といわれても戸惑う人が多いのではないでしょうか。

資産配分の内容は変わってくるかもしれない

DCを始める場合はこれから積み立てて資産をつくっていくわけですが、このように移換する資産がある場合は、ある程度まとまった資金で運用を始めるということになります。

したがって、毎月の積立額でどの金融商品を購入するかという判断、つまり積立額の資産配分と、最初からまとまった金額で運用する場合の資産配分は必ずしも同じである必要はありません。

むしろ違った方がいいかもしれません。なぜなら保有資産の金額が異なることによって、リスク許容度が違ってくるからです。

ただ、通常の資産運用と違い、DCの場合は移換資産にしても積立額にしても現金で引き出すことはできませんし、少なくとも60歳までは引き出すことができませんから、あまり厳密に区別する必要はありません。

考えておくべきことは、その移換資産の金額がいったいどれくらいあるのかということです。それを知ったうえで、自分の資産全体の中で移換資産額の占める割合を考えておくことが大切です。それによって資産配分が異なってくるからです。

●会社を転職しても同じようなことが起こる

今までのケースは企業型DCでの話ですが、実は個人型DCに加入する場合でも同じようなことが起こる場合があります。

それは、今まで企業型DCに加入していた人がその会社を辞めて転職したり自営業になったりする場合です。自営業の場合、個人型DCに加入できますし、他の会社に転職する場合は次の会社に企業型DCがあれば企業型に、なければ個人型DCに加入することになります。

この場合、資産を前の会社から移すことになりますから、先の例と同様にそれまで積み立ててきたお金で金融商品をまとめて購入することになります。

「でも、DCからDCへ移すのだから今までと同じものでいいんじゃないの？」

それはその通りです。ところが会社を辞める場合、それまでに加入していた企業型DCから脱退することになりますので、それまでに積み立てていた年金資産はすべていったん売却して現金化します。

つまり現金を保有して次の仕事に移ることになりますから、再度次のプラン（企業型、もしくは個人型）で新たにどれを購入するかを選ぶことになります。

その場合、前の会社での企業型DCとまったく同じ商品があれば簡単ですが、実際には企業ごとにかなり商品の内容が異なりますから、まったく同じ商品でそろえるというのはほぼ不可能です。

ここで、本章の88ページで説明した「まず、カテゴリーごとの資産配分を決めること」の重要性が出てきます。商品をどうするか、よりも、まずはカテゴリーごとの資産配分（アセット・アロケーション）が大事ですから、今まで持っていた商品と同じカテゴリーが、新しいDCプランの中でもあるのであればそれほど心配することはありません。

従来と同じカテゴリーの中で最も手数料の安い商品を選べばそれで問題ないでしょ

う。ただ、金融機関にとっては、十分なカテゴリーをそろえてないところもあります。特に個人型へ移す時は自分で金融機関を選べますから、そういう不十分な品ぞろえの金融機関は選ばないのが賢明です。

●過去分の移換、そして企業型から個人型へ移した場合はチェックが必要

ここで説明したのは、通常のDCにおける運用とは違う例外的なパターンですが、企業型DCに加入している方で「過去分の移換」によって移された資産を何もせずに放ったらかしている場合や、企業型から個人型へ移換して何もしないでいる人は一度チェックをしてみてください。何もしなければ、ほとんどが自動的に定期預金に入っていると思われます。

ありがちな誤解として、従来、企業型に入っていて株式型投資信託で運用していたので個人型へ移した後も自動的に同じ商品になっていると思っている人がいますが、多くの場合、何も指定しなければ自動的に定期預金などに入っていますので、自分の意図と違っているかもしれません。

誤解したまま長い間放っておくと将来、「こんなはずではなかった」ということに

なりかねませんので、十分注意してください。

放ったらかしでもいいの？——メンテナンスの方法

●基本は放ったらかしでも問題なし

DCでは運用する対象は預金、保険といった元本確保型の商品に加え、投資信託が中心となります。個別の株式を買うことはできません。ETF（上場投資信託）もダメです。

ということであれば、極端な短期の売買は意味がありません。投資信託ですから個別株投資などに比べると値動きも緩やかなことが多いですし、価格は一日一回しか付きませんからデイトレード的なこともできません。

本章の80ページ以降でDCの運用についてお話ししたように、自分のリスク許容度にあった資産配分（アセット・アロケーション）を決めたら、あとはそのまま何もせずにいても、毎月、自動的に決めた配分に従って購入していくことになります。ほとんど何もする必要はありません。

ただ、DCの運用は何十年という非常に長い期間にわたっておこなわれるものですので、その途中においてはさまざまな経済環境や状況の変化は起こりえます。このため、まったく何もせずに放ったらかしでいいかといえば、そういうわけではありません。

自分が将来受け取ることになる大切な年金資産ですから、一通りのメンテナンスは必要です。

最低限、これだけはやっておいたほうがいいこと

まず最低限やったほうがいいこと。それは年に1～2回送られてくる自分の年金資産の残高を確認することです。これは郵送で送られてきます。企業型の場合だと企業内で配布されることもあります。

郵便物を待たなくても、コールセンターやWEBのサービスを使えば、いつでも自分の年金資産残高を直近の数字で確認することができます。

ほとんどの方は普通のサラリーマンであったり自営業でお仕事を持っていたりするわけですから、日々値動きを追いかけたりすることはなかなかできないでしょう。ですから大きく市場が変動しても気づかないこともあります。

そこで、せめて年1~2回は自分の残高と個別に保有している投資信託の価格がどれぐらい動いているかぐらいは見ておいたほうがいいのです。

もちろん、マーケットの動きは予測できるものではありませんし、急に上がったり下がったりしても慌てて何か動かなければならないということはありません。一定期間の間にあまりにも大きく価格が動いた場合には検討したほうがいい手段があります。

それが次に説明する「リバランス」という方法です。

●リバランスとは何か?

リバランスというのはあまり聞き慣れない言葉かもしれません。読んで字のごとく、資産配分のバランスを再調整するということです。

DCの運用においては資産配分（アセット・アロケーション）が最も大切であると

いうことはお話しした通りです。仮に4種類の異なるカテゴリーの資産に等金額で25%ずつ配分していたとします。

ところがマーケットは変動しますから、これらのカテゴリーの内、価格が上昇するものと下落するものが出てくる場合があります。仮に日本株式が下落して外国株式が上昇したとします。すると、当初決めていた25%ずつという割合が崩れてきます。そこで当初決めた比率に再度配分し直します。これがリバランスです。

具体的にどうすればいいかということですが、それほど難しいことではありません。上昇したカテゴリーの資産を売却し、下落した資産を買い増しするというだけのことです。

これは一般の資産運用でもおこなわれることで、上がったものを売り、下がったものを買い増しするという原則に沿ってルール化しておこなわれます。

もちろんこういうことを必ずやらなければならないということはありません。やったほうがいいと決めつけるわけでもありません。むしろ逆に上がったものはさらに買い増し、下がったものは早めに売却するほうがよい結果を出せるという場合もあります。

そういう運用のスタイルはどちらかといえば、つねに市場の動きを見ながら機動的に売買できる人にはいいかもしれませんが、仕事を持っている現役のサラリーマンの人などにとってはハードルが高いのも事実です。

そこで、自分のリスク許容度に合わせた運用比率を一定に保つというのは一つの合理的な考え方ですから、たまに様子を見ながらリバランスをおこなうのはＤＣの運用においては合理性のあることといっていいでしょう。

ただし、当初の比率からほんの少しでも変わったら、ただちにリバランスをしなければならないということではありません。私が考える一応の目安はだいたい5～10％ぐらいの乖離が出てきた場合で十分だと思います。あまり頻繁にやる必要はないでしょう。せいぜい数年に一度ぐらいの頻度でいいと思います。

●運用方針の変更

これはそれほど頻繁にあることではありませんが、ライフプランの状況が変化した時などは運用方針の変更をおこなってもいいと思います。

たとえば遺産を相続したことで金融資産が大きく増えたり、逆に子供が医学部へ進学したりすることになって教育支出が大きく増え、ＤＣ以外での老後資産形成が困難になるといった場合、リスク許容度は変わってくるでしょうから、運用方針を見直すことを考えてもいいでしょう。

ただし、その場合でもＤＣの運用の特徴と原則は忘れないことです。

まず特徴は

1. 老後の生活準備のための資金であること
2. 非課税の特典が利用できること
3. 長期にわたる運用であること

こうした特徴から取るべき運用の原則は

1. DC以外も含めたトータルな資産での分散投資を図る
2. できるだけ期待リターンの高いもので運用する
3. 短期志向の運用はおこなわない
4. コストに十分留意する

これらの事柄を十分に理解した上で、必要ならば運用方針の見直しをおこなえばいいでしょう。

資産配分の具体的事例――何を買えばいいのか？

●で、結局どうすればいいのか

　ここまでＤＣにおける運用の基本的な考え方、資産配分に必要な商品の基礎知識、そして運用開始後の注意事項などについてお話ししてきましたが、おそらく読者のみなさんは「一番肝心なことが聞きたい」と思っているのではないでしょうか。

　それは**「で、結局どうすればいいの？　何を買えばいいの？」**ということです。前述した通り、最初から商品を決めるのではなく、まず資産配分を考えることが重要ですし、具体的な商品はそれぞれのＤＣプランごとにすべて異なりますから、ここでひとまとめにして商品名を挙げてこれを買えばいい、という話はできません。

ただ、資産配分については考え方だけではなくて具体的にどのカテゴリーにどれぐらいの比率で配分すればいいかということについて事例を示したほうがいいと思いますので、私なりの考えに基づいた配分例を3パターン示したいと思います。

こういう資産配分モデルというのは、実は運営管理機関の投資教育の教科書に載っていることが多いですし、中にはWEBサイトで「資産配分シミュレーション」のようなアプリケーションを提供しているところもあります。

長年、運営管理機関の業務をやってきた私としてはこれらの配分モデルはきわめて不満です。これらのモデルは単純に株式投信の割合を30%、50%、70%といった具合に分けられており、そこには運用に対する哲学があまり見られないからです。

これから紹介する三つのパターンはいずれも私の考えに基づくものなので、必ずしも正解ということではありません。資産運用にはつねに正解というものはなく、一人ひとりの考えと状況に応じて臨機応変に対応していくべきものだと考えています。

みなさんは私の提案する三つのパターンを参考にして、自分の考えやリスク許容度にあった資産配分を考えるヒントにしていただければいいと思います。配分例は**図14**

図14 分散投資 3つの型

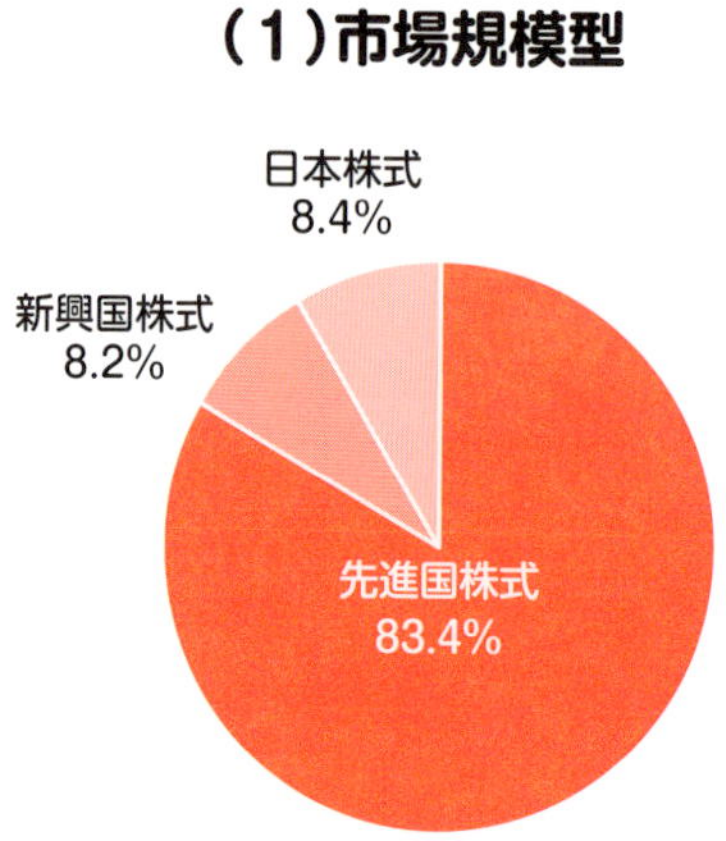
(1)市場規模型
日本株式
8.4%
新興国株式
8.2%
先進国株式
83.4%

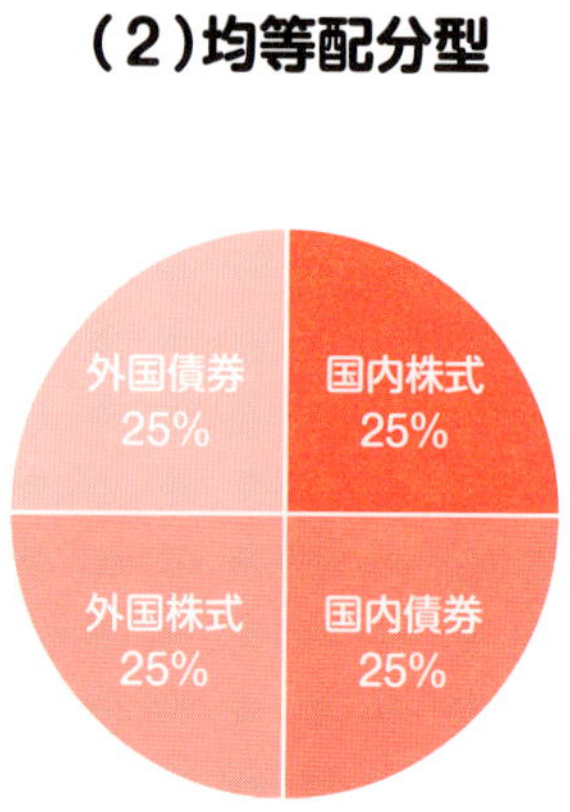
(2)均等配分型
外国債券
25%
国内株式
25%
外国株式
25%
国内債券
25%

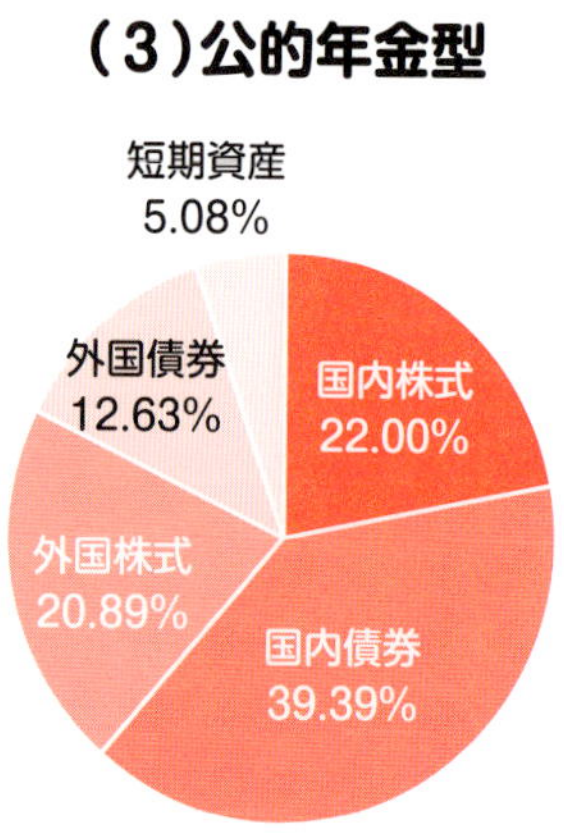
(3)公的年金型
短期資産
5.08%
外国債券
12.63%
国内株式
22.00%
外国株式
20.89%
国内債券
39.39%

に示してあります。

●配分例①――市場規模型

私はこれが最も合理的な資産配分だと思っています。ＤＣは長期の運用で生み出された収益に対して無税ですから、期待リターンの高い株式で運用するのが最も合理的です。

期待リターンというのはあくまでも過去の実績に基づくものなので、将来のことはわかりません。したがって広く世界中に分散投資をしておくべきで、その場合にもっとも合理的な選び方はそれぞれの市場の規模、すなわち時価総額に合わせて比率を決めたり、経済の規模、ＧＤＰの大きさに合わせて比率を決めたりすることです。

日本は人口減少によって経済規模の縮小や低成長になるであろうことは避けられないでしょうが、世界中に分散投資するのであれば、どこかの地域では経済成長が見込めますし、地球全体としては人口の増大とともに経済成長が期待できます。

向こう1年とか3年といったスパンで決めるのではなく、何十年単位の期間で運用を考えるのであれば、グローバルな分散投資が最も合理的な運用方法だと考えます。

●配分例②――均等配分型

次の配分モデルは伝統的な四資産による均等配分です。伝統的な四資産とは国内株式、国内債券、外国株式、外国債券の四つです。おそらく運営管理機関等が提供する資産配分モデルでもこれが最も一般的なモデルでしょう。

この配分についてはいろんな意見があります。今どき、こんな単純な四資産配分など意味がないとか、経済規模を反映していないアロケーション（配分）は合理的ではないといったことです。

私自身の考えでいえば、今の時期に債券の比重はあまり増やしたくないと考えていますので、できればもう少し債券の比重を下げたいか、あるいは債券の代わりに元本確保型商品を入れるというアイデアもありだと思います。

今後経済の状況がどう変わるかわからないという状況においては、四資産の均等配分というのは一定の意味があるといっていいでしょう。いわば基本形といっても差し支えないと思います。

何よりもわかりやすいし、リバランスをするのであればとても楽です。選択肢の一つに入れてもいいのではないでしょうか。

配分例③――公的年金型

三つ目のパターンは公的年金の運用と同じ例です。公的年金の運用は「年金積立金管理運用独立行政法人」というところがおこなっています。名前が長いので英語の頭文字をとってGPIFと一般には呼ばれています（Government Pension Investment Fund）。

この特徴は比較的債券による運用のウエイトが高いことです。図14で見ると平成26年度末における国内債券の比率は4割弱ほどですが、これは最近運用の見直しによって株式比率が高まってきたからで、数年前であればこの比率は6割を超えていました。

GPIFの運用というと、ニュースなどで最近9兆円以上の損を出したとか報道されてあまりイメージがよくありませんが、これらは運用のことを何もわかっていない人が報道しているものです。

そもそも運用資産の中に株式や債券が入っているのであればマーケットの変動による価格の上下を避けることはできません。それに「損を出した」と報道されていますが、正確には損は出していません。売却して損が確定すれば、それは「損を出した」ということになりますが、これはあくまでも評価損です。

現にリーマンショックや欧州危機の際における相場下落ではもっと大きな評価損を抱えましたが、その後は普通に回復しています。

むしろGPIFの運用はこの13年間で50兆円あまりの運用益を挙げています。GPIFが年金運用を始めた平成13年末時点での年金資産額は38兆6千億円だったのが、平成26年度末には137兆4千億円になっています。

我々が老後に受け取る公的年金はこのポートフォリオで運用されているのですから、それに乗っかるというのも一つのアイデアといっていいでしょう。

GPIFの運用はホームページで四半期ごとに公開されていますから、メンテナンスを行う際にも参考にすることができます。
(http://www.gpif.go.jp/operation/index.html)

最後は自分の考えにフィットするかどうか

前述した資産配分モデルを提供している運営管理機関や金融機関では配分例をもっとたくさん提示していることもありますが、私はこの三つで十分だと思います。

もちろん個人のリスク許容度はさまざまですから、この三つ全部に当てはまるはずはありません。これで何かしっくりこないということであれば、自分なりにその比率を調整すればいいだけです。やたら種類を多く提示しても単に迷うだけだということは私の長い運営管理業務の経験上から明らかです。

さらに、もっと運用に対してマニアックな人からは、この配分例ではリスクとリターンがわからないという批判もあるかもしれません。

もちろんポートフォリオのリスク・リターンを計算することはできます。ただ、それらの数値はあくまでも過去のデータに基づくものでしか計算することはできません。数値を出したからといってそれが将来を保証するものでもなんでもありません。

ところが人間というのは、いったん数字で示されるとそれが基準値になってしまうという性質を持っています。ましてや今後何十年もの間にはリスク・リターンの値はいくらでも変化していきます。したがって最初に示された数字にとらわれてしまうと判断を間違えることにもなりかねません。

資産配分で最も重要なことは自分のリスク許容度だということは繰り返し述べましたが、これら三つの事例を見て、自分の感覚に最もフィットする例に近いものを参考に自分自身の配分を考えてみてください。

STEP 3
年金は“もらう時”が一番大事！

第4章

黙っていても年金はもらえない

年金を受け取るにはどうすればいいか

年金を受け取る場合には、まずあなた自身が「記録関連運営管理機関」（レコードキーパー、以下RK）というところへ「裁定請求」というのを出すことになります。「裁定」というのは、申請した人が給付を受け取る資格があるかどうかを確認するということです。

これは、企業型でも個人型でも同じです。企業型であれば、企業によっては人事部などが案内をしてくれる場合もありますが、原則は自分で申請を出すのが基本ですので、忘れないようにしなければなりません。

DCにかぎらず、日本の年金制度、社会保障制度全般は、申請主義で、受け取る側から「ください」という申請を出さないともらえないのが原則です。

「そんな面倒なことしなくても自動的に支給してくれたらいいじゃないか」と思うかもしれません。でも社会保障の給付パターンというのは、個人によってさまざま異なります。

もし国や企業が全て自動的に支給するということであれば、かなり細かい部分まで含めて膨大な個人情報を管理しないといけないということになります。これでは大変な社会コストがかかってしまいますし、自分のあらゆるプライバシーが全部把握されてしまうということになりかねません。

仮にその膨大な個人情報を管理するにしても、個人がつねに情報をアップデートしていないと、間違った形で処理されるというリスクもあります。すでに閉鎖されている銀行口座が登録されていたりすると、振り込まれないという事態が生じます。

給付を受け取るにあたっては、こちらから申請をするのが一番間違いは少なく、社会的コストも少なくて済みます。たとえ面倒でも、自分でやるべきでしょう。

実際にこれらの手続きをするにはどうすればいいかということですが、自分が申請するＲＫ（記録関連運営管理機関）によってフォーマットが異なります。コールセンター等へ電話して聞くのが最もいい方法だと思います。

定期的に年金残高をチェックしておこう

もらえるお金を忘れることなんて、ありえないと思われるかもしれませんが、実際に申請を忘れる人もかなりいるようです。DCではありませんが、企業年金の一つである厚生年金基金などでも、申請忘れで年金を受け取れていないという人がかなりの数にのぼるようです。

年金を受け取る方法を忘れないようにするには、日頃から残高をつねにチェックしておくことです。

DCの場合でいえば、RKから定期的に残高の通知が送られてきます。半年か1年に一度は、自分の残高状況がどうなっているのかをチェックしたほうがいいでしょう。

DCは自分の年金を自分で管理・運用する制度ですが、一番大切なのは「年金を受け取る時」だということを忘れないようにしていただきたいと思います。

受け取り方いろいろ、どれがおトク？

DCでは多くの人が一時金で受け取っている

DCで積み立ててきた年金資産を受け取るには三つのパターンがあります。

1. 全額一時金として、まとめて一度に受け取る方法
2. 全額年金化して毎年少しずつ受け取る方法
3. 併給といって、二つを組み合わせる方法

DCは年金制度ですから、本来は年金として受け取るのが原則です。しかしながら、現実には、9割近い人が一時金で受け取っているようです。これには理由があります。

現在、公的年金の支給開始は65歳に移行しつつあります。このために年金の空白期

間ができないようにするため法律が改正され、60歳で定年退職しても、希望すれば65歳まで仕事が続けられるようになりました。

しかしながら、多くの企業において、給料は現役時代の二分の一とか三分の一程度です。DCを一時金で受け取って公的年金が支給されるまでの生活の足しにするというケースは多いでしょう。

さらに定年の時点で住宅ローンなどが残っていた場合、その後の生活費に負担をかけないように一時金で受け取って全部返済してしまうこともあります。

そして、一時金で受け取る最大のメリットと思われるのは税金です。

●一時金で受け取る場合の税メリット

DCの年金資産を一時金で受け取った場合、そのお金は退職所得扱いになります。退職金というのは長年働いたことで得る報酬なので、税制上もかなり優遇されています。

具体的にいえば、退職金には「退職所得控除」という優遇があります。たとえば20年以上勤めた会社を退職した場合の控除額は、「800万円+70万円×(勤務年数−

20年）」です。

仮に大学を卒業して定年まで勤めて勤務年数が38年だとします。そうすると控除金額は、800万円＋70万円×（38年－20年）＝2060万円となります。すなわちこの金額までは税金がかからないということです。

これに対して、年金で受け取った場合は雑所得となるため、無税というわけではありません。もちろん公的年金等控除という優遇はありますが、多少なりとも税金はかかります（税金の額はその人の所得によります）。

したがって、受け取った年金（あるいは退職金）に対して、受け取り時にかかる税金ということだけを考えれば、一時金で受け取ったほうが得だといえます。

●本当に年金方式での受け取りは損なのか？

ではDCの場合はつねに一時金で受け取ったほうが得なのかというと、必ずしもそういうわけではありません。

たとえばローンの返済のようにもらったお金を一度に全部使ってしまうのであれ

ば、確かにその通りですが、退職後も生活のために使っていくのであれば、DC口座の中に置いておくほうがいいこともあります。

それは運用益に対して税金がかからないことです。ずっと定期預金などで置いておくのであれば、現在の金利水準ではあまり差はないでしょうが、引き続き投資信託で運用するということであれば、運用益非課税という魅力は捨てがたいと思います。

一時金でまとまって受け取った場合、よほど意思の強いしっかりした人でないと、気が大きくなってつい使ってしまうというのもありがちなことです。

あらかじめ計画がきちんとしているのでなければ、年金方式で受け取っていくほうがいいと思います。DCは企業年金制度の一つであり、企業年金の本来の趣旨は公的年金を補完して老後の生活を支えるということですから、年金受け取りが本来の姿です。

●細かい点だが、注意しておくべき「振り込み手数料」

もう一つ、年金式の受け取りで注意しておくべきことがあります。それは年金が自分の銀行口座に振り込まれる場合の送金手数料です。

企業型の場合は会社が規約で決めた受け取り方法に従うことになりますので、選択肢がいくつかあります。同様に、個人型にもいくつかの選択肢があります。たとえば年1回とか半年に1回とか、毎月受け取るという選択肢です。

一般的に年金が自分の銀行口座に振り込まれる場合の手数料は400円（+消費税）です。したがって、もし仮に毎月振り込まれるように指定していると年間の送金料の合計は5184円（消費税含む）となります。

年金の残高が少ない場合だとこの手数料が占める割合はバカになりません。仮に毎月3万円ずつ、年間で36万円振り込まれたとして、手数料率は1・44％です。したがって、受取りの頻度はあまり多くせずに年1回とかにして自分で計画的に引き出せば、余計な振込手数料は取られることがなくなります。細かい点のようですが、無駄をなくすという点では大切なことです。

最後に、一時金か年金か、どちらか一方ということではなく併給という方法もあります。これも企業型でいえば会社、個人型でいえば金融機関の定めた方法によりますが、多くの場合は100%、75%、50%、25%といった具合に複数の中から割合を選べるようになっています。

自分のライフプランに合わせてどちらをどう組み合わせるか、どう選ぶかということを考えることが必要になってきます。

90歳までもらい続ける裏ワザ

●60歳受給開始は権利であって義務ではない

DCは60歳から引き出すことができるしくみになっていますが、これは「引き出すことができる」ということであって、「引き出さなければならない」ということではありません。すなわち「60歳からの受給開始」は権利であって、義務ではないのです。60歳になっても、給付の申請を行わなければ、年金は支払われません。ただし、いつまでも放っておくことはできず、70歳になった時点では受け取りを開始し始めなければなりません。

そこでこれをうまく使うことによって、年金受け取りのさまざまなパターンをつくることが可能になります。年金の本来の目的は長生きリスクに備えるものですから、あえて受け取り開始時期を遅らせるという方法も可能です。いくつかの例を挙げて考えてみましょう。

●60歳時点で株価が暴落してしまった

DCの運用を投資信託でおこなっていたところ、ちょうど60歳になる直前にリーマンショックのような暴落が起きる可能性はゼロではありません。

せっかく積み立ててきて、一定の資産形成ができていたのに、この段階で大幅に下落した後に売却しなければならないとすれば、これは目も当てられません。

その場合は、受け取り開始を遅らせればいいのです。何せ70歳までは受け取らないということが可能なのです。さすがに少しぐらいの暴落があったとしても、10年間の間にはある程度のリカバリーが可能なはずです。

こういう事態をあらかじめ想定して、50代後半から株式投信の比率を下げていくということもありでしょう。しかしながら、暴落というのは往々にして突然やってくるものです。

60歳で有無をいわさず換金されてしまうということなら厳しいかもしれませんが、10年間の猶予期間があるというのは、考えようによってはとても有利かもしれません。

前述した通り、私のDCの資産は全て新興国株式です。60歳を迎えた時は新興国市場があまりパッとしなかったので、売却せずにそのまま置いていました。10年間の間には新興国市場がまたブームになる時が訪れるだろうと考えてのことです。

２０１５年の前半には中国の上海市場が高騰したため、ある程度は上がりましたが、売りませんでした。その後は、中国市場が下落した影響で価格は低迷していますが、別に慌てることも焦ることもありません。

仮に70歳時点で再度暴落していたとすれば、DCでの新興国株式投信を売却して同じ新興国株式投信に乗り換えればいいと思っています。いわゆる「リレー投資」というやり方ですね。その時点でNISAが恒久化していればなおさらいいでしょう。

70歳から90歳まで時間をかけて受け取る

冒頭に書いた〝長生きリスク〟への対応として、こういうやり方もあります。受け取り開始を70歳からにして、年金方式で最長の20年をかけて受け取るという方法です。

このやり方ですと、最長90歳までは年金を受け取ることができます。女性の場合、65歳まで生きた人の平均寿命はほぼ90歳ですから、それぐらいの年齢まで受け取れるようにしておけば、ほぼ終身に近い受け取りになります。

もちろん70歳から受け取り開始とするわけですから、それまでは何らかの方法で生活費をまかなわないといけません。DC以外の貯蓄を取り崩すという方法もありますが、60代は引き続き働くという選択肢もあると思います。

実際に65～69歳で働いている人の割合は内閣府の調査によれば男性で49・0％だそうですから二人に一人はほぼ70歳近くまで働いているということです（平成26年版高齢社会白書）。

つまり元気で働けるうちは働き続けて、蓄えはできるだけ先まで置いておこうという考え方です。これは日本人の「老後が不安だから」といってなかなか貯金を使わないという傾向と一致します。

それならＤＣのように、税制優遇のある方を使わないで取っておくほうが合理的なのではないでしょうか。

ＤＣは、通常の貯蓄や投資とは異なり、老後の生活をまかなうための手段の一つです。一般の貯蓄や投資における満期や償還という概念にあまりとらわれることなく、自分の老後プランにどううまく合わせて活用するかということが、重要になると思います。

第5章

STEP 4
知りたいこと いろいろ

途中で金融機関を変えられる？

個人型はOK、企業型は無理

DCで加入している金融機関について、サービス内容に不満が生じることがあります。また最近では商品の手数料（信託報酬）が低下傾向にあるため、自分の口座がある金融機関以外のところで魅力的な低コストの商品がラインナップに追加されることもあります。

そんな場合、運用の途中で金融機関を変えることはできるのでしょうか。

最初に結論からいいますと、個人型DCの加入者は可能ですが、企業型DCの加入者は自分の意思で変えることはできません。

個人型DCは、はじめから自分が利用する金融機関を個人で選ぶのに対して、企業型は会社として一つの金融機関（正確には運営管理機関）を選んでいるので、仮に不満があったとしても個人の意思で変えることはできません。

企業型の場合は、会社の意思で金融機関を変えることになります。ところが、実際にはＤＣ制度が始まって15年近くになりますが、企業型ＤＣで運営管理機関が変わったというケースは数えるほどしかありません。

理由は二つあります。一つは企業型の場合、運営管理機関をやっている金融機関と会社との取引関係があるからです。本来、そんな理由は加入者個人にとっては何の関係もありませんが、現実はやはりＤＣ以外での付き合いも無視できないというのが実情でしょう。

もう一つの理由は、金融機関を変えるというのは、いろいろな面で大変な作業であり加入者にも大きな不便をもたらすことになるからです。したがって、個人型ＤＣの加入者は金融機関を変更できるといいましたが、実際には企業型同様、かなり不便をこうむることになります。

では、具体的に金融機関を変えることで、どんな不都合があるのでしょうか。

●金融機関を変えるデメリット

一つ目のデメリットですが、金融機関を変更する場合は、それまでに積み立ててきた資産をいったん全部売却し、現金化する必要があります。自分の保有している投資信託の利益が出ていても損失になっていても関係ありません。とにかくいったん売却します。

DCの場合は、売買手数料はないのが普通ですから、売却することによるコストの発生というのはありませんが、それでもどことなく抵抗感があります。

次にこれが最大のデメリットですが、いったん売却して資産を移し、新たに次の金融機関での商品を購入するまでの期間です。通常1カ月から場合によっては3カ月くらいかかります。その間は運用することができません。

もし株価が大幅に上昇するようなことがあれば、逸失利益が生じます。金融機関を変更しなければ、得られたはずの値上がり益が取れないということになってくるのです。

さらに三つ目の問題です。金融機関を変更する理由はいろいろあるでしょうが、商品のラインナップが優れているというのもその一つです。仮にあらゆる商品が現在加入している金融機関よりも優れているのであればいいですが、必ずしもそういうわけにはいきません。

あるカテゴリーの商品では優位であるものの、別のカテゴリーでは逆に今よりも劣るというケースもあるかもしれません。したがって金融機関を変更する場合、しっかり内容を精査しておく必要があるといえるでしょう。

最初に決める時は慎重によく考えること

このように、運用途中で金融機関を変更するというのはかなりデメリットがあるということは知っておくべきです。

だとすれば、最初にどこの金融機関を利用すべきか、というのは慎重に検討して考えるべきです。ＮＩＳＡがスタートした時にはよくありましたが、キャッシュバックキャンペーンとか、最初の1年間は口座管理費用が無料とか、そういった目先で顧客を誘引するようなものに惑わされないことが大切でしょう。

今のところ、個人型ＤＣというのは各金融機関とも、それほど力は入れていません。

ところが、改正法案が成立することで来年からは個人型DCの顧客獲得競争が始まるかもしれません。

前述のようなキャンペーンサービスが起こる可能性は十分ありますが、そういうものには目をくれず、本質的なサービスをしっかり確認することです。

68ページ、金融機関を選ぼうのところでもお話ししましたが、

1. 商品の種類と品ぞろえ
2. 運営管理手数料（口座管理費用）
3. 投資信託の保有コスト（信託報酬）

が金融機関を選ぶ際のポイントになります。

中でも1と3はきわめて重要です。

現在の制度の下では、金融機関の変更は避けたほうが賢明だろうと思います。それだけに、最初の金融機関選びは大切にしてください。

会社を辞めたらどうすればいいか？

●離・転職はDC制度の本領発揮の時

この項での話は、現在、企業型DCに加入している人に関係するものです。

本来、DCの大きな特徴の一つは「離・転職にうまく対応ができる」という点にあります。これはよく「ポータビリティ」という言葉で表現されますが、要するに会社を変わったり辞めたりしても、自分の年金資産を〝持ち運び〟できるという意味です。

では、DC以外の企業年金は持ち運びができなかったのかということですが、原則はそうでした。会社で一定期間以上（たとえば20年）勤めていれば、将来年金として受け取ることができますが、その条件を満たす以前に辞めてしまうと、退職の時点でそれまで積み立てられた分を一時金で支払ってもらっておしまいです。

今は以前の会社で加入していたDC以外の企業年金からDCへ資産を移すことができますし、法改正によって逆にDCの資産をDC以外の企業年金へ移すこともできるようになる予定です。

終身雇用という慣習は次第に薄れてきており、一生の間に何度も転職するということが普通になってきましたから、このように持ち運びができるということが求められるようになってきているのです。

では企業型DCに加入している場合、会社を辞めたらいったいどうなるのでしょうか。

●ケースによって手続き方法は異なる

企業型DCの加入者が会社を辞めた場合、その後、どういう進路に進むかによって二つのケースに分かれます。

①同じ企業型DCに移して続ける場合

これは他の会社へ転職し、その会社に企業型DCがある場合です。この場合はそれまで勤めていた会社で積み立てられてきたＤＣの資産を新しい会社の企業型ＤＣに移すことになります。

この場合は、通常新しい会社の人事部などが手続きをしてくれますが、何も案内がない場合は、「前の会社で企業型ＤＣに入っていたのですが」ということを新しい会社に伝えることが必要です。

②個人型ＤＣに移す場合

会社を変わるのではなく、自分で起業したり、自営業、フリーランスになったりする場合、あるいは新しく転職した会社に企業型ＤＣがない場合は、個人型ＤＣに移して積み立てを続けるか、積み立てを止めて運用のみを続けるかということになります。

●キーポイントは辞めたあと、半年以内に手続きをすること

企業型ＤＣに加入している人が会社を辞めた場合で、個人型ＤＣに加入する場合は、会社を辞めたあと（正確に表現すれば資格喪失した後）、自分で6カ月以内に個

人型への移換手続きをとらないとなりません。

もしこの手続きをしないと、それまで積み立てたＤＣの資産は国民年金基金連合会というところへ自動的に移ります。これを「自動移換」といいます。では、自分のＤＣ資産が自動移換になるといったいどこが具合悪いのでしょう。問題点は三つあります。

一つ目は運用ができなくなってしまうことです。国民年金基金連合会に資産が移っている間は一切運用ができません。ということは年金資産がまったく増えないことになります。

次に二つ目ですが、そういう状態になったとしても手数料がかかることです。自動移換に伴う手数料が４２６９円、そして毎月51円の手数料が自動移換されている間中、自分の年金資産から引き落とされます。

また、いったん自動移換されてしまうと、その後ふたたび企業型もしくは個人型ＤＣに加入し直す際にも手数料が発生します。企業型ＤＣへ移す場合は１０８０円、個人型ＤＣに移す場合は３８５７円が必要になります。これらの費用は自動移換されず、６カ月以内にきちんと手続きをしておけば発生しません。

そして三つ目の問題点は自動移換されている間はDCの加入期間にカウントされないということです。DCは10年以上加入していないと60歳から受け取ることができません。DCに加入している期間が短いうちに会社を辞めてしまい、そのまま自動移換になると、60歳から受け取ることができないというケースが生じます。加入期間にもよりますが、最長で65歳まで受け取れないという事態もあり得ます。

したがって、会社を辞めてその後個人型DCへ入るという選択肢を取った場合には6カ月以内にアクションを起こさないといけないということになります。

では、会社を辞めた場合にどうすればいいか、まとめましょう。

- 会社を辞めても原則は60歳まで現金で受け取ることはできません。
- 次の仕事や立場がどうなるかによって企業型DCもしくは、個人型DCに移すことになります。
- 手続きは会社を辞めたあと6カ月以内に必ずやってください。
- 企業型DCに入る場合は、新しい会社の人事部など、担当窓口に聞いてください。

・個人型DCに入る場合は、自ら資産の移換と加入手続きは自分でやってください。

・これら一連の手続きについてわからないことなどがあれば、今まで勤めていた会社の企業型DCのコールセンターに確認してください。

以上が会社を辞めた場合におこなうべきことです。

私にもしものことがあった場合は…

私は、運営管理機関の仕事をしていた約10年間で1万回を超える加入者説明会をやってきました。私自身でもそのうち500～600回ぐらいは担当しましたが、説明会の後で出てくる質問の中で必ずベスト3に入る質問が**「私にもしものことがあった場合、このDC年金はどうなるのですか?」**というものです。

公的年金の場合であれば遺族年金という制度がありますし、企業年金の中にも、一定期間は遺族への給付が保障されている場合があります。ただし、DCの場合はそれらとはやや異なりますので、どのようになるのかについてお話しします。

まずは年金給付がケースによって異なるというパターン分けから説明します。

●年金の給付には3種類ある

DCの給付には大きく分けて3種類あります。まず一つ目は「老齢給付金」です。これが最も一般的で最も多い給付金です。要するに60歳になれば受け取り開始ができるという性質のものです。

これは前述しましたが、一時金で受け取るか年金で受け取るか、あるいはそれらを合わせて併給で受け取るかを選択することができます。

次に「障害給付金」です。これは加入者または加入者であった人（60歳以降の人）が、事故や病気などによって高度障害の要件に該当することとなった場合に受け取ることができるものです。

高度障害とは身体障害者手帳（1級〜3級）の交付を受けている人や、障害基礎年金（1級もしくは2級）を受け取っている人をいいます。障害給付金も老齢給付金と同じく、一時金、年金、そして併給の三つから選ぶことができます。

三つ目が、「私にもしものことがあった場合」、すなわち加入者本人が死亡した場合に支払われる「死亡一時金」です。これは名前の通り、一時金でのみ支払われることになります。

●死亡一時金は誰に支払われるのか

では誰に支払われるのかというと、亡くなられた方のご遺族です。もし亡くなられた方が遺言などで指定していればその方々になりますが、そうでなければ法定相続の割合に従うことになります。

加入者が亡くなられた場合は、ご遺族の方が「裁定請求」をおこなうことになります。「裁定」というのは162ページでも説明したように、申請した人が死亡一時金を受け取る資格があるかどうかを確認することです。

裁定請求によって支給されることが確定した場合、上記の相続人に支払われることになります。税制上はどういう扱いになるかというと「みなし相続財産」（退職手当金などに含まれる給付）という扱いとなり、相続税の対象となりますが、法定相続人1人あたり500万円までは非課税です。

●死亡一時金で気を付けておくべきこと

死亡一時金で気をつけなければならないのは、加入者本人が死亡してから5年以内に「裁定請求」を出さないといけないということです。

もし裁定請求が5年以内に行われない場合は、死亡一時金を受け取るご遺族がいないとみなされ、通常の相続財産として扱われます。つまり死亡一時金としての扱いにはなりませんので、法定相続人1人あたり500万円の非課税措置もなくなるということです。

ただ、これは加入者ご本人には注意のしようがありません。死亡一時金の裁定請求はご遺族がすることになりますので、その方々が注意しなければならないということになります。

すなわち、ご遺族の方がＤＣの残高があるということを知らないままにしていると、前記のような事態が生じる可能性がありますから、常日頃からご家族にはＤＣに加入していて、一定金額の資産があるということは伝えておくことが必要です。

なお、ここまでのお話はすべて加入者が在職中であれ、年金として受け取り中であれ、同じことです。いずれの場合もその時点で残っている年金資産残高が死亡一時金として支払われることになります。

おわりに

私は日本において確定拠出年金法が施行され、制度がスタートした2001年10月よりも1カ月早くからDCの業務に就いていていました。それだけに思い入れが強いということはいえるのですが、老後の資産づくりを準備するための方法としては、考えれば考えるほど、この制度はよくできた制度だと思います。

現在、この制度における投資信託の保有割合は4割程度ですから、まだまだ少ないのですが、それでも日本の投資信託の世帯保有率が1割に満たないということを思うと、この制度が金融リテラシーの向上に果たしている役割は大きいと思います。

また誰もが直面することになる老後の生活を考える上でも「国や企業に全面的に頼るのではなく、自立することがもっとも大切なことである」ということを知らしめる意味においてもDCの意義はとても大きいものだと感じます。

ただ、残念なことに企業型の普及度合に比べると個人型はまだまだ低いのが現状です。今回の法律改正によって、ほぼすべての人が利用できるようになる個人型DCはもっと活用されてしかるべき制度だと思い、この本を書きました。

多くの金融機関が積極的にすすめないからこそ、利用する側にとってはいい制度であるということは一面の真実です。むしろ金融機関がすすめないからこそ、ファイナンシャル・プランナーや税理士等の人たちにはこの制度のよさを積極的にＰＲしてほしいと願っています。

最後に本書を執筆するにあたって、ＤＣの専門家である私はややもすれば専門家目線で書きがちになるところを担当する編集者である東洋経済新報社の宮崎奈津子さんから素人目線で書くポイントを教えていただいたことでとてもわかりやすくなったと思っています。この場をお借りして感謝いたします。

またＤＣに関しては私以上に専門家である妻、加代のアドバイスでより充実した内容になったことを感謝したいと思います。

二〇一六年四月

大江英樹

索引

【著者紹介】

大江英樹（おおえ　ひでき）

経済コラムニスト。オフィス・リベルタス代表。

大手証券会社で25年間にわたって個人の資産運用業務に従事。確定拠出年金法が施行される前から確定拠出年金ビジネスに携わってきた業界の草分け的存在。日本での導入第一号である、すかいらーくをはじめ、トヨタ自動車などの導入にあたってのコンサルティングを担当。2003年からは大手証券グループの確定拠出年金部長、2015年からは企業年金連合会の「確定拠出年金継続教育実践ハンドブック検討会」の座長を務める。

独立後は、「サラリーマンが退職後、幸せな生活を送れるよう支援する」という信念のもと、経済やおかねの知識を伝える活動をおこなう。CFP、日本証券アナリスト協会検定会員。おもな著書に『自分で年金をつくる最高の方法』（日本地域社会研究所）、『知らないと損する 経済とおかねの超基本 1年生』（東洋経済新報社）などがある。

はじめての確定拠出年金投資

2016年6月23日　第1刷発行
2016年7月29日　第3刷発行

著　者――大江英樹
発行者――山縣裕一郎
発行所――東洋経済新報社
〒103-8345　東京都中央区日本橋本石町 1-2-1
電話＝東洋経済コールセンター　03(5605)7021
http://toyokeizai.net/

ブックデザイン……二ノ宮匡（ニクスインク）
印　刷…………東港出版印刷
製　本…………積信堂
編集担当………宮崎奈津子

ISBN 978-4-492-73335-6